JN041768

元大手不動産トップ営業マンの「不動産芸人」だけが知っている

住宅購入で成功する人、大失敗する人

HOW TO BUY A HOUSE

吉本興業所属芸人
ぺんとはうす
世良光治

Gakken

はじめに

実は僕、最大手の不動産会社で1位になった営業担当でした

家《イエ》~イ!　〝幸せになる家〟売るオトコこと、吉本芸人のぺんとはうす世良光治《せらみつはる》です。

「ぺんとはうす」というコンビ名で活動していて、普段は劇場で漫才をしています。

僕はこの本で、皆さまに「家を買って〇百万円得しちゃいましょう!」とか、「住んでるだけで〇千万円得する方法があるんです」とか、「住宅ローンに通りにくいフリーターの方でも大丈夫な方法を紹介します!」「次に地価が上がる首都圏のエリアは、ズバリここ!」とかをお伝えしたくて、せっせと本を書きました。

「なんでお笑い芸人が家を買う裏技に詳しいの?」という疑問もごもっともです。

僕は実は、前職は不動産営業担当でした。新卒で、**当時業界1位だった住友不動産販売という会社に入社しまして、たくさんの方のマイホーム購入に立ち会ってきました**（当時

は単独での取扱件数が不動産売買仲介業界1位で、同社は今も不動産売買仲介業界トップ3の実績を誇ります)。

それも、バリバリ営業をしていまして、**新人の年は取り扱い件数1位とかになって、社内で表彰**いただいたりしました。

その快進撃は続いて、**入社2年目には首都圏の全営業職員約900名の中で仲介手数料額1位にもなったのです。月間の取扱高が7億円以上になったこともあり、10年に1人の逸材**とまで呼ばれていたのです。

でも、僕の夢は「お笑い芸人になること」。

職場の方には「不動産営業が天職だろ」とまで言ってもらったのですが、退職して吉本でお笑い芸人になりました。

察しのよい皆さまは「ぺんとはうす君って、あんまり見ないけど?」とお気付きのことでしょう。はい、今はまだそんなに売れっ子ってことにはなっていません。

芸人のネタでよく出てくるアルバイトですが、本気で取り組まないと生活が立ちゆかない、というのが現状です。僕は現在も、芸人業の傍ら、慣れ親しんだ〝不動産屋さん〟をアルバイトでしています。
不動産契約には**「宅地建物取引士」**の資格を持った人が必要不可欠で、僕は前職時代に取らせてもらっていました。アルバイトですが、**不動産売買のプロ**なのです。ややこしい契約書も、キッチリ作成させていただいています（お笑いも一応プロです）。

家が最も買いにくい芸能関係者の購入も多数実現させた

仲間内でも、不動産関係のアドバイスなどをしているうちに、

「ぺんとはうすの世良君って、不動産詳しいらしいよ」

なんて話が広まって、いつの間にかお笑い芸人や役者さん、歌手やアイドル、ＹｏｕＴｕｂｅｒまで、芸能関係者の家探しを３００人以上お手伝いしました。

芸能関係者の家探しは、大手の不動産会社にいた頃の多くのお客さまよりも、「経済的に安定していない」「住宅ローンに通りづらい」という厳しめの条件の方が大多数です。

そんな芸能関係者に合った物件探し、物件の紹介を毎日のようにしています。

芸能関係者や**貯金や収入が少ない人に対して、住宅ローンの審査に通る**ことはもちろんのこと、**お得に家を買う方法をたくさん見つけて実践してきました。逆に、知らないと大損してしまう盲点も、多く気付きました。**

これらを1冊にまとめたのが、本書です。金銭面でお困りの方も、平均的に稼がれているサラリーマンの方も、富裕層にも、あらゆる人に向けて**知っておくと嬉しい情報をてんこ盛り**にしています。ご期待ください！

話は少し戻りまして、住宅購入のハードルが高くなりがちな芸能関係者の家探しをお手伝いすることで、分かったことがあります。それは、**どんなに条件が厳しくても、〝絶対にマイホームは買える〟**ということ。

20代と若くても、反対に40代後半以上でも、給料が少なくても、貯金がなくても、今は住宅ローンの審査に通らなくても、フリーターや非正規雇用でも、マイホーム購入を諦める必要はありません。

フリーターや非正規雇用でも、住宅ローンを組める場合がある等をお伝えしようと、住宅ローンだけでわざわざ章を設けて説明もしています。

「もしかしたら私も家が買えるかも?」と思っていただけたらものすごく嬉しいです。

今の時点でマイホームが買えないのは、金融機関のせいでも、日本の政治のせいでもありません。ごめんなさい、ちょっと厳しいことを言わせていただければ、勝手に「家は買えないもの、買わないでいいもの」と思ってしまっている自分自身のせいなのです。

実は、普通に生活していると知らないだけで、**金融機関も日本の政治も、あなたが家を買うことを全力で応援してくれているのです。減税や補助金を用意して、手厚く後押ししてくれています。**

それと同じくらい、もしくはそれ以上に、僕もあなたのマイホームの購入を応援したいと思っています。

「住宅ローンをどこで組むか? 審査に通りやすくするには?」「便利な商品」「不動産営業担当者との付き合い方」などなど、具体的に役立つことをお伝えします。

「家を買わないほうがよかった」という人に出会ったことがない

ここで、「ぺんとはうす君は、なんでそこまで〝マイホームを買う〟のにこだわるの？」と思われるかもしれません。

家は、買うほうが得なのか？　借りるほうが得なのか？　不動産に詳しいことを自称していると、耳にタコができるくらいにこの質問をされます。

ネットの記事ではこのように書かれていたとか、実はこっちのほうがお得らしいとか、「自分から質問してきたくせに結論まで話してくるんかい！」とツッコみたくなる曲者《くせもの》もいたりします。

僕は、「家は買うべきものだと思います」と、答えます。

買うほうがお得だとか、借りるほうがお得だ、とかではなくて、**買う〝べき〟もの**という言い回しをあえて使わせてもらっているのです。

僕が「不動産屋さん」だからではなく、絶対に家は買うべきものだと思っているからです。

というのも、**不動産のプロである僕の目線から見て、買わないほうがよかったという方に出会ったことがないから。**これが最大の理由です。理由や理屈も大事ですが、それがどうこうというより、「結果的に実際に家を買ってよかった」という人ばかりだったのです。

それと、僕は数学のプロでもなければ経済のプロでもなくて、あくまで感情論になってしまうのですが、僕の話に少しだけお付き合いください。

衣食住という人間にとって最も大切な要素の一つ「住」が〝家〟。それが、アテにならない他人からの借り物であり続ける……というのが、嫌だな、と思うんです。だから、「〝家〟は買うべきものです」と、いつも答えていますが、そうすると、

「めちゃくちゃ感情論じゃねぇか！」

とツッコまれます。

でも僕は、感情論でいいと思っています。得られる利益や栄養素を考えて、行列のできるレストランで食事をする人は、なかなかいないと思います。おいしい料理を食べたいから行列のできる店に行くのです。それと同じように、家を買いたいから買うのです。

家は買うべきものである、とまで言い切るということは、「家を買うということは人生にとってよいこと」だと僕は思っているのです。

遠い将来も含めた今後の自分の人生と向き合い、人生で一番高価な買い物をするという行動の中では、その人が変わるといいますか。とにかく、**最初にお会いしたときよりも物件の引き渡しのときのほうが何倍も輝いて見える方が多くいらっしゃる**のです。

物件を引き渡してからもずっと、年賀状などのやりとりをさせていただいている方も多数いらっしゃいますが、どの方も総じて、見るからに幸せそうです。

購入から何年かして、マイホームを売却される場にも多数立ち会ってきましたが、物件の購入自体を後悔されている方には出会ったことがありません。なので、僕は〝幸せになる家〟を売るオトコなのです。

僕が言うのもおこがましいですが、マイホームの購入という一つの目的に向かって日々の努力をしていらっしゃる方には活気があります。

実際に、住宅ローンの審査に通らない状況だった方が、その1年後には審査が無事通って、住宅ローンで家を購入できた、といったようなケースにもたくさん立ち会ってきました。そんな方々から得た経験や知識なども、この本で実体験としてお話しできればと思っています。

マイホームを持つということは、一国一城の主になることだと思っています。天下統一を果たした豊臣秀吉も、初めて城主となったのは37歳の頃だといわれています。長浜城というお城ですが、出世城とも言われるくらい、そこから天下人への道を駆け抜けたのです。

初めて城主となったときの喜びは、とんでもないものだったと思われます。

読者の皆さまにも、そんな喜びを体験してほしいのです。一人でも多くの方の人生が、より良きものとなるよう、ぜひマイホームを手に入れてほしいと思っています。この本が、皆さまの一助となることを切に願っています。

2023年5月　吉本興業所属　ぺんとはうす 世良光治

吉本興業に所属して「ぺんとはうす」というコンビ名で芸人をしています。右が僕（世良光治）で、左が相方のヤマト。

目次

第1章

元大手不動産1位の営業担当だから知っている…。不動産の知られざる真実

CONTENTS

CONTENTS

第2章

そもそも家は買うほうが得か？借りるほうが得か？

第3章

家を買える人と買えない人の「決定的な違い」とは

CONTENTS

CONTENTS

第5章 絶対に損をしないための不動産購入術

CONTENTS

装丁デザイン　西垂水敦、内田裕乃（krran）
本文デザイン・DTP　荒木香樹
監　修　橋本秋人（FPオフィス　ノーサイド）
編集協力　大倉愛子
校　正　宮川 咲
企画協力　井澤元清、駒井裕介（吉本興業）

第1章

元大手不動産1位の営業担当だから知っている…。不動産の知られざる真実

数百万どころか数千万単位での損得を左右する情報、教えます。

「はじめに」で自己紹介しました通り、僕は元大手不動産会社の営業担当でした。

その頃から感じていたのは、「多分これは不動産営業担当しか知らないだろうな」という情報は、一般の人が想像する以上に多いこと。

一つひとつは小さなことのように思える情報も、商品が高額な〝家〟なので、実際には数百万単位で影響が出ることもよくあります。数千万単位も珍しくありません。読者の皆さまにはぜひ、取りこぼしなく〝得〟してほしい。そんな思いでこの章を書きました。

「あ、このお客さま、こうしたらもっと得するのに」という、不動産会社へ入社するまでは知り得なかった〝不動産営業サイド〟の実情をお伝えできればと思います。

また、読者の皆さまにだけこっそりお伝えしたい、「これをやったら損します…」というポイントもお伝えしたいと考えています。よろしくお付き合いください。

東京五輪後の不動産価格暴落説。現実は逆。なぜ？

時々聞く話とはいえ、「そもそも家を買う話なのに、なぜオリンピック？」という疑問をお持ちかと思います。

実は、オリンピックなどの大イベントは、不動産価格に大きな影響があります。**オリンピックは終わっても、その影響はまだまだ続いている**のです。そのあたりをお伝えできればと思っています。イベントだけでなく、ウクライナ侵攻なども外国の戦争ですが、〝世の中の大きな動き〟として世界規模で影響が出ています。

思い起こせば既に10年近く前になるのですが、「お・も・て・な・し」などの招致アピールに花が咲き、2013年9月7日に東京オリンピックの開催が決定しました。東日本大震災後の日本に、フッと明るいニュースが駆け巡った瞬間でした。僕が新卒社員として不動産業界に入ったのは2013年の4月になるので、まさに新卒入社1年目として右も左も分からない中を全力で走り回っていた頃です。

日本経済はアベノミクスによる金融緩和政策の真っ只中で、当時の日経新聞には東証平均株価の高値更新や、ビットコインなどといった投機的な内容の記事ばかりが掲載されていたことを覚えています。

「7年後にオリンピックがこの日本に来る」ということで、日本経済はとにかく活況の先行きを見せていました。不動産市況はというと、2012年まではリーマンショック以降の底値を続けていましたが、東京オリンピックの招致が決まった頃くらいから、首都圏を中心に活況の兆しが出始めました。

実際にその当時に東京の港区で不動産営業をしていた僕自身の感覚を言うと、**「高値でもいいので物件を売りに出していれば、いつか売れる!」といったような状況でした。**ですから、不動産営業担当としてはとにかくたくさんの物件を、自社を介して売りに出してほしかったのです。

そのためにはさまざまなアプローチの営業文句を使っていたことを覚えています。「過去数年見ても、今はすごく高値なので売り時なんです」だとか、「中国バブルが崩壊しないうちに売りましょう」とか、とにかく、今このときに売りに出してもらうために必死でした。

そんな中で、僕に限らず、たくさんの不動産営業担当が使っていたのが、**「東京オリンピックが終わると不動産市況も厳しくなるのは目に見えているので、ギリギリになって売りが殺到する前に早めに売り抜けてしまいましょう」という営業文句**でした。

ちなみに、これらの営業文句には、正直なところ**何の根拠もありません。**強いていうなら、過去の相場との比較でした。中国バブルの崩壊だとかオリンピックが終わったら不動産市況が厳しくなるだとかは、まったくもって根拠のないものだったのです。

もちろん、インフラ整備などは東京オリンピックの開催に向けたものも多いので、それらが終わってしまうと不動産市況に影響を及ぼす、などといった予測もありました。しかし結局のところ、不動産関係者はあくまで経済のプロではないので、ザックリとそんな感じがするという根拠だけで「東京オリンピックまでに売りましょう」と言っていたのです。

実際に蓋《ふた》を開けてみると、コロナウイルスという想像し得なかった事態に見舞われはしましたが、2023年現在、首都圏の不動産価格は上昇を続けています。結局のところ、**東京オリンピックが終わっても、不動産価格は下がらなかった**のです。

むしろ、コロナウイルスによる経済対策で世界的な金融緩和が行われ、相対的に不動産市況はまだまだ上昇の兆しを見せています。相場に対して少しでも安めの物件が売りに出たら、転売を目的とした不動産業者がすぐに買い取る、というような状況になっています。

「結局、不動産営業担当は信じちゃダメってこと?」と思われるかもしれませんが、僕がお伝えしたかったのは、**「不動産のプロでさえ、これから先の不動産価格の動きは分からない」**という点です。

以上から、第1章でいきなり結論を言うのも何ですが、僕としては、**今は間違いなく不動産の〝買い時〟**だと思っています。なぜなら、これからも不動産価格は上昇していくと予測しているからです。その理由については、後ほど詳しく述べていきたいと思います。

また、いくら買い時だといっても、良い物件に巡り合わなければ結局は損なお買い物になってしまうこともあります。では良い物件とは何なのか、また、これから住宅価格が上がりそうなエリアについても述べたいと思います。

コロナが、他の不動産に影響する事件と大きく違うところとは？

2020年の年初に、中国の武漢で謎の肺炎が流行しているというニュースがありました。その頃はまだ、日本人のほとんどが対岸の火事だと思っていたことでしょう。しかし、そこから数ヶ月で全世界を巻き込む未曾有《みぞう》の事態となっていきます。

新型コロナウイルス感染症の大流行が起こったのです。感染拡大防止のために政府から緊急事態宣言が出され、外出の自粛《じしゅく》を余儀なくされてしまいました。こうなるともう、世界的な事件です。

僕が所属する吉本興業はもともと、台風が来ようが大雪が積もろうが、劇場だけは絶対に営業するので、芸人は這《は》ってでも来いと本気で言ってしまうような会社でした。そんなわが社すらも、劇場での公演を休止するくらいの事態になったのです。

2020年3月の半ばくらいに、不動産市場もパッタリと止まりました。売買市場も賃貸市場も、とにかく人の流れが止まってしまったので、まったく動かなくなったのです。新たに物件を買う人も売る人も、いなくなってしまいました。

不動産業界に長年いらっしゃる方々でも、このときは「会社の倒産を覚悟した」という方がたくさんいらっしゃいます。僕がお世話になっている不動産会社の社長も、2月に物件をいっぱい買ってしまって泣きそうだ、と頭を抱えているような状況でした。

僕も当時、自分のブログで、自社で物件の在庫を抱えている会社は、とにかく在庫を安値でも処理することに全力を注いでくださいと忠告するくらいの状況でした。リーマンショックのときに、物件の在庫を抱えていた不動産会社がバタバタと倒産したように、そのような状況になるのではないかと恐れました。活況を続けてきた不動産市況も、ここで終わってしまうものだと誰もが思っていた状況でした。

しかし、意外なことに、事態は悪いほうへと向かいませんでした。5月末に緊急事態宣言が解除されると、不動産市場に人が戻ってきました。それが徐々にではなく、一気に、だったのです。

そもそも、「3月」という年度末は、不動産業界にとっては大きなかき入れ時になります。不動産賃貸業界においては特に顕著で、賃貸の3月は〝TUBEにおける夏〟と言っても過言ではありません。3月にパッタリと人の流れが止まってしまったので、今期はダメだと諦めている不動産賃貸の会社も多かったのです。

そんなムードの中、改めて、かき入れ時が緊急事態宣言終了後の6月に来ました。

10月に突然忙しくなったかき氷屋さんみたいに、なんでこの時期にこんなに忙しいんだと、てんてこ舞いになっている賃貸営業の方をたくさんお見かけしました。売買業界も同じように、たくさんの人が戻ってきたのです。

それから少し経った頃、どうやら**様子がおかしい**ことに気付き始めました。もともと**平時の3〜5月に物件を探している人の数よりも、明らかに緊急事態宣言終了後に物件を探している人の数のほうが多かった**のです。

最初は、単純に3ヶ月ほど市況が止まっていたことによる反動なのかと思っていましたが、それだけではなさそうでした。外出の自粛により、**テレワークなど家で過ごす時間が増え、「おうち時間」といった言葉もでき、人々の家に向ける関心が強くなった**ことが影響しているようでした。つまり、**生活スタイルのトレンドに、変化が起こっていた**のです。

コロナ禍で得した不動産、損した不動産

忙しいビジネスパーソンにとって、家はもともと寝に帰るだけのような存在でした。それがコロナ禍に入り、仕事をする場所へと変わります。昼はママ友とおしゃれなカフェで過ごしていた主婦も、感染防止のために家で過ごす時間が増えました。保育園に入園予定だった子どもを、感染防止のために家庭内保育に切り替える家庭も増えました。長時間過ごすことになった家というものに、今までよりも興味関心が向くようになったのです。

今まで自分の家に何の不満もなかった家庭でも、部屋の数が足りなくなったり、もう少し広いほうがよかったり、といった希望が募っていきます。マンションのエレベーターの密を避けようと思っても、毎日毎日階段で上り下りするわけにもいかないので、一戸建てに引っ越したいと考えた人もいたようです。そんな人たちで、不動産市場がごった返しになりました。

この頃の僕の感覚としては、**サラリーマンのご家庭の住宅にかける予算も増えた印象がありました。** 在宅勤務が増えて飲み会などの出費が減ったり、高価なスーツを新調するより安価な部屋着を増やしたりしたのかな？と想像していました。

特に大企業のサラリーマンのご家庭ほど、住宅に回せる予算が増え、ワンランク上だったり、一部屋多かったりする家をお求めになられている印象でした。ご家族で住宅サイトなどをじっくり研究してこられたりと、しっかり取り組んでいる様子も伝わってきたものです。

そして、物件の成約が増えました。多少高くても、売り物件があれば売れるといった状況です。需要が供給を上回り、どんどん売り物件がなくなりました。結果的に、安値でも在庫を処理してくださいという僕の忠告は大間違いでした。物件の在庫を一つでも多く抱えている不動産会社が得をしたのです。

先述した通り、先のことは誰にも分かりません。とはいえ、市場予測を完全に間違えてしまったので、大変申し訳ありませんでした。

ただ、そんな中でも**すぐに成約になる物件と、なかなか成約にならない物件は存在したのです。**すぐに**成約になった物件の特徴は、平米数に対して部屋数の多い物件**でした。同じ65㎡であれば、1LDKよりも2LDK、2LDKよりも3LDKのほうが、目に見えて早く成約になりました。

コロナ流行前のトレンドは、とにかくリビングが広い間取りが人気でしたが、そのような間取りの物件が、なかなか成約に至らなくなってしまったのです。

ではなぜそのようなトレンドの変化が起こったのでしょうか。

その**大きな原因となったのが、リモート様式での人とのつながり**です。テレワークにおけるリモート会議やら、プライベートのリモート飲み会からリモート同窓会、なんだったら学校の修学旅行までリモートで行うなど、今まで誰も考えなかったような行動の仕方ができ始めました。それらは全て、基本的には各自の自宅から参加するような形になります。

そうなってくると問題が生じます。息子がリモート修学旅行に参加している横で、父親がリモート飲み会をするのは大変よろしくないのです。

僕も今まで何度かリモートでテレビ番組などに出演させていただきましたが、隣でリモート飲み会が大盛り上がりだとしたら、多分オンエアされていなかったと思います。そもそも、横でいろいろと別のことをされてしまうと気が散ってしまって、何一つ面白いことを言えなくなってしまうでしょう。それは、真剣な会議においても同じだと思います。

そうなると、しっかりと壁で仕切られた部屋がたくさん必要になってくるのです。だだっ広いリビングだと、そのような事態に対応できません。なので、リビングが大きい物件は売れ残り、リビングは小さくても、その分だけ居室の数が多い物件がどんどん売れていったのです。住み替えのお客さまの「もう一部屋ほしい」需要がググッと高まりました。

不動産業界における**間取りのトレンドが大きく変わった瞬間**でした。

僕は、このトレンドをいち早く察知した人たちが大きく得をして、従来のトレンドにこだわった人たちが損をしたという印象を受けています。

不動産業界に身を置く僕の肌感としては、コロナ禍が完全に落ち着きさえすれば、**〝不動産バブルの再来〟がある**のではないかと思っています。**住宅価格はどんどん上がっている一方で、金利は全体としてまだ低い水準が続いています。一般人が家を買いたいと思える環境土壌が整っています。**

未来を見通す超能力を持たない僕たちは、**客観的な環境と、〝気持ち〟という感情論で家を買うのが正解**ではないかと思っています。

この後は読者の皆さまへ、今、家を買うべき「客観的な環境」をお伝えしたいと思います。

日本の金融政策がついに変わる⁉
家は今が最も買い時

僕が「今、家を買うべき！」とお伝えしている大きな理由の一つが、〝歴史的低金利〟。ポンッと数千万円をキャッシュで払える人以外は、銀行などの金融機関からお金を借りて家を買うはずです。その際にお金を借りたら、お礼に利息を払う「住宅ローン」契約を結びます。利息の割合は、政府の決める金利によって変わってきます。金利が高いと利息を多く払わなければならず、反対に今のように金利が低ければ利息は少なくて済みます。

繰り返しますが、今は歴史的低金利。データを取り始めてから初めての水準なので、〝歴史的〜〟と枕言葉が付くのでしょう。家を買う人は、**今なら〝歴史的に少ない利息で〟家が買える好機**なのです。

日本の金融政策、つまり金利を決めている日本銀行は、2000年頃から超低金利政策を採ってきました。きっかけは1980年代。日本がバブル経済に沸き返っていた頃にさかのぼります。株価や不動産価格の高騰を重く見た大蔵省（当時）が、1990年3月に通達で金融引き締めを表明し、バブル崩壊を招きます。

この政策で落ち着くかに見えた日本経済は、一気に冷え込んで「失われた10年」と言われる大不況となってしまいました。2008年9月のリーマンショック後の経済では、政策金利はゼロ％近くまで低下。現在まで政策金利は1％を切る状況が続いています。「政策金利なんて庶民には関係ない」と思われるかもしれませんが、多くの人が選択している変動型の住宅ローンの金利は、この政策金利が影響しますので無視はできません。ただし、固定型は国債に影響を受けるので少し別の動きをします。

その政策金利は、外国の金利の影響も受けています。後ほどお話しするロシアのウクライナ侵攻により、世界的に小麦などの物資が不足し、インフレで各国の物価が上がっています。アメリカもイギリスもインフレを抑えるために、金融引き締め、すなわち金利を上げています。

アメリカなどは、FOMCというアメリカの政策金利の判断を年に8回行っている会合で、2022年当初は0・25％だった政策金利を2023年3月には4・75～5％にまで急激に上げてきました。

一方、日銀は超低金利政策を継続中で、2023年3月10日の政策委員会・金融政策決定会合という金融政策を決める会議で、政策金利をマイナス0・1％に据え置くと決めました。

ただ僕は、今後はこの政策は徐々に見直されるのではないかと考えています。というのも、日銀総裁が2023年4月に交代したからです。総裁が変われば、日銀政策に影響があるのではといわれています。

また、世界的に見て、先進国のうち超低金利政策を維持しているのは日本だけなので、為替市場で円安の圧力がかかり続けます。去年の夏頃あった急激な円安を見ても、日本だけが金利を低いままにとどめるというのは、だんだん無理が出てくるのではないかと考えています。FXなどの為替市場で稼いでいる人たちは、金利の安い日本でお金を借り、金利の高い米ドルを買えば、それだけで利益が上がっています。

また、実際問題として日本も物価上昇が顕著になってきたので、インフレ政策として金融引き締め、つまり**金利を上げる方向で動かざるを得なくなるのではないかなと思います。**

金利1％違った場合の、実際の利息額を計算してみた

「なんか歴史的ってくらいすごいのは分かったけど、実際いくら違うの？」と思われる方

もいらっしゃると思います。

実際の金額を計算すれば、低金利の恩恵がいかにすごいのか、実感できるはずです。

《前提条件》

- 住宅ローンの返済は、元利均等払い
- 借入額は3000万円
- 返済期間は35年
- 金利が1・5％と2・5％の全期間固定金利を比較する

この前提条件では、金利が1・5％から2・5％へと**1％上がると、何と利息額が約650万円増加！（車種によりますが）ベンツが買えそうな金額**です。返済期間の35年で均等に割ると、年に約18万5千円。住宅ローン金利が1％上がると、家族4人が住める東京23区郊外にある賃貸マンションの1月分の家賃が毎年消えていく……、そんな感覚です。

実際の金額を見ていかがでしょうか。なかなか衝撃的な金額で驚かれた方も多いでしょう。2％上がるとベンツ2台分、3％なら地方で中古マンションを買えるくらいの金額が利息にのしかかってきます。今なら〝歴史的低金利〟のおかげで、まだ金利が上がっていませんので、ベンツ1台分の支払いは不要です。
僕が、「今、家は買い時ですよ！」とお伝えしている所以です。

変動金利と固定金利、どっちがお得？

アメリカなどの外国の金利上昇を見て、僕のお客さまからも「住宅ローンの固定金利と変動金利は、どっちがいいかな？」と相談を受けることが多くなってきました。今は歴史的低金利なので、今後は金利が上昇する可能性のほうが高いかもしれません。

金利がどの程度上がるかの予想も難しいですが、僕なりの一つの考えがあります。
もし、今回購入するマイホームが **〝終の棲家〟で、「もう人生の最後までこの家に住み続けよう」と考えるのであれば、固定金利**だと思います。これからのライフスタイルを考える上でも、金利が固定されていれば住宅ローンの支払い予算を立てやすくて、安心だからです。

一方、家族が増えたり家庭環境が変わったりするかもしれず、**将来ひょっとしたら売る**

かもしれない可能性があれば、変動金利で住宅ローンを組みましょう。そして、**できる限り金利の安いうちに繰り上げ返済をする**のが、一番賢い買い方ではないかと思っています。

繰り上げ返済をすると、もともと借りている元本そのものが減るので、住宅ローンの総返済額を減額することができます。実際に、僕の周りの不動産業界人が家を買うときは、変動金利で買ってバンバン繰り上げ返済しています。

現在、歴史的低金利と言いましたが、変動金利はあまりにも安すぎるので、向こう10年ぐらい金利が変わらなかったとしても、その後来る20年後、30年後も、住宅ローン金利0・5％などでお金を貸してくれるという状況は考えづらいと思います。

住宅ローンの30年や35年という長期間で、最後まで住み続ける家であれば、固定金利のほうが得できる確率が高いのではと予想しています。あくまでも絶対ではなく、僕の予想ですが。

住宅ローンの変動金利に関しては、今はとにかく金利が安いので、固定金利とは1％以上差があります。変動金利で借りて繰り上げ返済したほうが、10年後に売るとなった際に、固定金利1・8％で金利分を払っていた場合よりも、住宅ローンの元金は圧倒的に減っているはずです。

もし、あまりにも悩むのであれば、住宅ローンを一旦変動金利で借りて、10年後ぐらいに固定金利に借り換えることは可能です。ただし、金利はその契約時の金利になってしまいますが。

住宅ローンは商品の種類が多く、変動金利型でも最初の3年間や10年間だけ固定金利にできるプランもあったりします。今の気持ちにぴったり合う商品を選んでみてはいかがでしょうか。

固定金利か変動金利かは別として、現在の歴史的低金利はぜひ活かしたいものです。僕が「今が家の買い時！」と言うのも、今なら有利な金利で住宅ローンを組めるからです。

ロシアのウクライナ侵攻、日本の不動産にはどう影響するか

2022年2月24日、ロシアによるウクライナ侵攻が始まりました。「いきなり戦争!?」と驚いた覚えがあります。

このとき、ウクライナの首都キーウは72時間で陥落するとして、欧米ではゼレンスキー

大統領に脱出用のヘリコプターを準備していたといわれています。しかし、大統領はこれを拒否し、翌25日には「われわれはキーウにいる。独立を守るために戦う!」と世界に宣言しました。

2023年5月現在、ウクライナ侵攻は1年以上続いていて、世界の物価に大きな影響を与えています。世界の原油の1割ほどを生産しているのはロシアなのですが、西側各国の経済制裁で輸出できなくなっていたりするからです。

またロシアとウクライナ地方では、パンだけでなく製菓原料にもなる小麦を世界の輸出量の1/3も生産し、家畜の飼料となるとうもろこしの輸出量は、世界の2割を担っています。こちらも経済制裁で輸出できないため、食肉価格に影響が出ています。コロナ禍で止まっていた経済活動がせっかく再開してきても、増えた需要に供給が追い付かず、物価高を招いています。

不動産市況においても、ウクライナ侵攻でプラスに働いた要素は一つもないと僕は思っています。1日でも早く終わったほうが、日本の不動産市況は間違いなく良くなると思います。

ウクライナ情勢は、今後どうなるか分かりません。**建築資材の高騰**も含め、日本の不動産市場に与える影響としては大きなものがあります。とはいえ、僕は「今は、家は買わないほうがいい」とは全く思っていません。

ロシアの猛威で経済状況は混乱しているけれど、今、家は〝買い〟

今は買い時って、「隣の国のロシアが戦争しているときになぜ？」と思われるかもしれません。以下で詳しく説明したいと思います。

ただし、それはウクライナ侵攻に留まっている場合であり、もし戦況が拡大して「第3次世界大戦」規模に世界が戦闘に巻き込まれ、日本も攻められるリスクが出てきたとか、東京にミサイルが飛んできたなどとなったら、話は全く変わってきます。

今のウクライナ侵攻による資材高が住宅市場に影響を及ぼす部分としては、日銀の低金利政策に影響が出てくるかもしれないと思っています。

とはいえ、ウクライナ侵攻が1年を超えて諸物価が上がっている現在も、金利は低いまま。今後金利が上がると考えても、**今は家を買って住宅ローンを組むのに、好機**だと考えています。

ウクライナ情勢が落ち着けば、僕は不動産バブルが来ると思っていますし、給料も徐々に上がると思っています。

今、家を買うだけで400万円以上得する人もいる

金利のお話をした際に、「キャッシュで買う人以外は、家を買う際は住宅ローンを利用する」とお伝えしました。その住宅ローンを借りると、申請するだけで「住宅ローン減税」という税金の優遇措置を受けられます。

国土交通省の「住宅ローン減税の概要について」という表を参照してみましょう。令和4年と令和5年の入居で、借入額が5000万円、新築の「長期優良住宅・低炭素住宅」であれば、ローン残高の0・7％が13年間控除を受けられることになります。**ローンの返済額を最低にしてキープしていれば、ザックリ見積もって数百万円、人によっては400万円くらいは所得税控除という〝お得〟**があなたを待っています。

住宅ローン減税の恩恵を受けるための「要件」は、以下の通りです。

❶自分が住む住居
❷床面積が50㎡以上（令和5年末までに建築確認を受けた新築住宅を取得などする場合、合計所得金額が1000万円以下であれば40㎡以上50㎡未満で可）
❸世帯の合計所得金額が2000万円以下
❹住宅ローンの借入期間が10年以上
❺引き渡しまたは工事完了から6ヶ月以内に入居
❻昭和57年以降に建築または現行の耐震基準に適合

今では笑い話ですが、当初、住宅ローン減税の控除率が1％なのに、変動金利で住宅ローンを組むとローンの年利が0・5％といった時期がありました。つまりキャッシュ

図1　住宅ローン減税の概要について（令和4年度税制改正後）

新築／既存等	住宅の環境性能等	借入限度額		控除期間
		令和4・5年入居	令和6・7年入居	
新築住宅 買取再販(1)	長期優良住宅・低炭素住宅	5,000万円	4,500万円	13年間(2)
	ZEH 水準省エネ住宅	4,500万円	3,500万円	
	省エネ基準適合住宅	4,000万円	3,000万円	
	その他の住宅(2)	3,000万円	0円(2)	
既存住宅	長期優良住宅・低炭素住宅 ZEH 水準省エネ住宅 省エネ基準適合住宅	3,000万円		10年間
	その他の住宅	2,000万円		

(1) 宅地建物取引業者により一定の増改築等が行われた一定の居住用家屋。
(2) 省エネ基準を満たさない住宅。令和6年以降に新築の建築確認を受けた場合、住宅ローン減税の対象外。
（令和5年末までに新築の建築確認を受けた住宅に令和6・7年に入居する場合は、借入限度額2,000万円・控除期間10年間）

※出典：国土交通省「住宅ローン減税」

バックされて儲かってしまうというので、現金で購入するより住宅ローンを組むほうがお得という…。

目端が利く人は、控除期間中は住宅ローンの恩恵を最大限に受けるために、たくさん現金を持っているのにあえて多めに住宅ローンを借り入れたりしていました。やがて政府が対策を講じて、1％を下回る住宅ローンの金利との差額を埋めるために見直しが入りましたが。

正直言って、住宅ローン減税を使わない手はありません。年収2000万円以下の一般家庭に関しては、住宅ローン減税を使うことで400万円以上も得をすることがあるのですから。ただし**不動産投資ではない、普段住むマイホーム取得のための補助制度**です。

表の見方ですが、少し一般的ではない用語がありますので、解説しましょう。

- 買取再販：中古住宅で、不動産会社が直接買い取って販売するもの。消費税がかかる
- 既存住宅：中古住宅だが、不動産取引としては仲介で、売主は個人。売主は法人ではなく個人で、不動産業者が仲介に入るのが一般的。中古物件の7～8割の売主は個人。消費税はかからない

一つ注意事項としては、**住宅ローン減税も含めて国の税制は必要に応じて、1年または数年ごとに改正される可能性がある**こと。この点はしっかりチェックしたいものです。

住宅ローン減税を受けないにしても、知った上でか、知らないかでは大違い

先ほどの図1（p46）で、省エネ基準を満たさない住宅は、「令和6年以降に新築の建築確認を受けた場合は住宅ローン減税の対象外」となってしまいます。これは、「2050年脱炭素社会の実現」という政府の大目標があり、住宅でも二酸化炭素排出量の削減を狙っている施策に基づいています。

また、築年数や耐震対策の問題もあります。先日、僕の知人の会社の方が、雰囲気の素敵なおしゃれ**ヴィンテージマンション**を買われました。しかし、住宅ローン減税の要件である「昭和57年以降に建築または現行の耐震基準に適合」を満たさず、対象外となってしまったのです。

損得で考えると、住宅ローン減税の要件を満たした物件を買うほうが得かもしれません。

とはいえそれも承知の上で、「減税は使えないが、この家は逃せない」と思ったそうです。**知らないで損するのは困りますが、知った上での買い物は決して悪いことではありません。**

一方で、契約後に「実は住宅ローン減税が使えない物件だったとは、知らなかったよ…」と大問題になることは、時々あります。買うときには気付かず、単純にそれだけで200万円とか300万円の「損をする」ことになるのです。

先にあった6つの要件は、家を見に行く際にプリントアウトして、携行してもよいかもしれません。

チラシに書かれた床面積だけで判断すると後々困ることがある

住宅ローン減税で、僕がアドバイスできる気を付けたい落とし穴としては「床面積の表示」。国土交通省のページには、「床面積が50㎡以上」とサラッと書かれています。先ほどp46でご紹介した要件の❷に該当するものです。

でもこれだけだと、情報不足。国税庁のページに記載の次の情報も知っておいてください。

床面積の判断基準は、次の通りです。

❶床面積は、登記簿に表示されている床面積により判断します。

❷マンションの場合は、階段や通路など共同で使用している部分（共有部分）については床面積に含めず、登記簿上の専有部分の床面積で判断します。

戸建てについては、チラシに掲載の床面積は、登記簿に表示の床面積と基本的には同じなので心配しなくて大丈夫です。

注意したいのは、マンションのほう。チラシには「登記簿上の専有部分の床面積」が載っていないことがあります。

そこで**購入前に担当している営業担当に「この物件は、今の住宅ローン減税が使えますよね？」という言質《げんち》を取る**ことをお勧めします。何かトラブルがあった際には、「あれ？住宅ローン減税使えるって言ったじゃないですか」と言えること。これって、とっても大事。営業担当も、後々トラブルになるのは避けたいので、しっかりと契約前に調べてくれるかと思います。

特にマンションでチラシに51㎡などと書かれた物件は要注意。登記簿上の専有部分の床面積が48㎡しかなかったとなると、住宅ローン減税を使えない事態になります。疑問点があれば、素直に営業担当に質問する。答えが保留の場合は、調べてもらうようにお願いする。住宅ローン減税に限らず、家を買う場合には何においても重要なことです。

万が一契約後に、その物件が住宅ローン減税の要件を満たさないと分かった場合は、「これ、住宅ローン減税使えないんだったら買わなかったんだよ」と、こちらが有利に動けるケースがあります。

ただ、**一方的に責めるような口調になると、営業担当も人間ですから、苦手意識を持たれてしまう**かもしれません。要はバランスで、**営業担当が「この人のために頑張ってあげよう」「この家族のために値引き頑張ろう」と思うかどうか。**不動産取引で得するためには、実はとても大事なことです。**営業担当には良い取引で成績を上げてもらい、何かあったときは、運命共同体になってもらう**というバランスです。

外部の人から見たら、「不動産営業担当の上手な利用の仕方」となるかもしれませんが、これを書いてしまうと不動産業界からお叱りを受けそうです…。あくまで読者の皆さま向けです。口外無用でお願いします。

床面積の話が出てきたので、もう一つ皆さまに知っておいてほしい基本的な話をしておきましょう。

床面積には**「壁芯《へきしん》面積」と「内法《うちのり》面積」が存在します。**

壁芯面積とは、設計図面上の壁の中心線で測定される面積です。内法面積は、壁の内側に囲まれた面積のこと。実際に暮らす際には、内法面積が関係します。それなのに不動産屋さんが発表する物件情報には、壁芯面積しか書かれていないことがほとんど。

実は不動産業者が出している広告は、「壁芯面積」「内法面積」のどちらを記載してもよいというルールになっています。でしたら面積が広くなる「壁芯面積」を載せたほうが

図2　左側が「内法面積」で、右側が「壁芯面積」

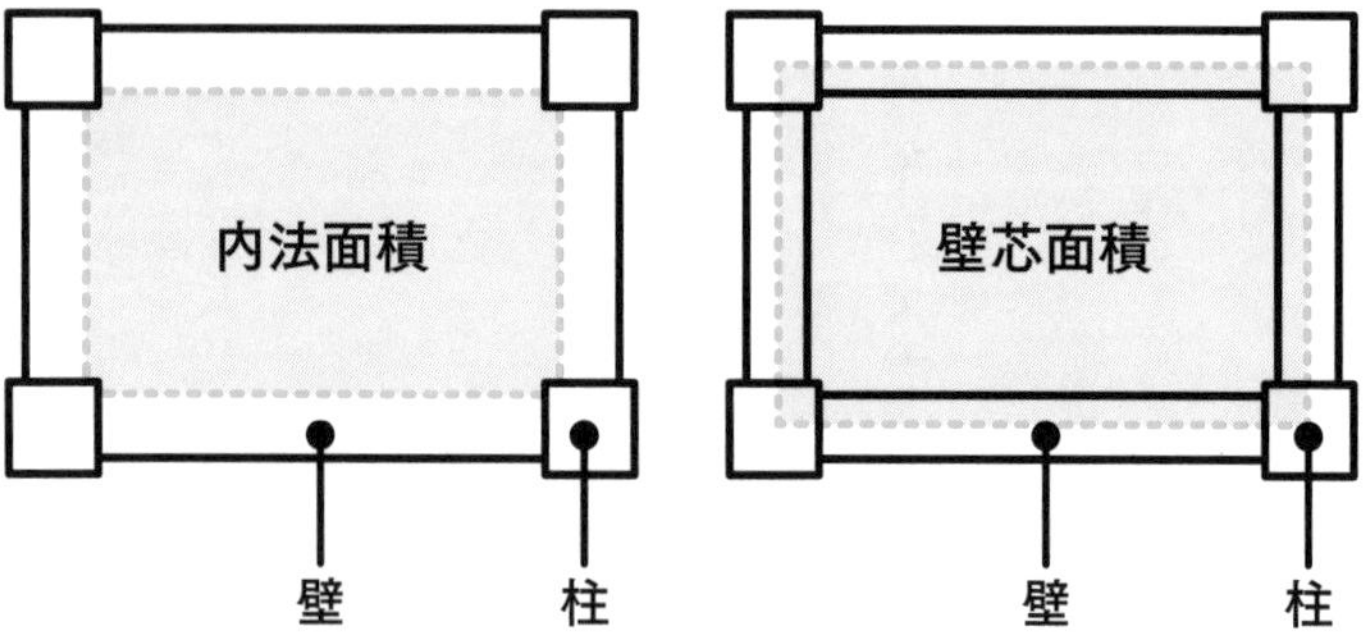

売れやすいですから、基本的には「壁芯面積」を記載しています。

先ほど登記簿に記載の床面積の話が出ましたが、この面積はマンションの場合、内法面積になります。戸建ての場合は、登記簿の面積もチラシと同じ壁芯面積なので問題ありませんが、マンションのチラシには、内法面積よりも広い壁芯面積しか書かれていないことが多いのです。

ですから契約時には、読者の皆さまは〝しっかり者の消費者〟となり、この**「壁芯面積」か「内法面積」かをキッチリ確認していただきたい**と思います。

住宅補助がなくなることも…。勤務先の仕組みを今一度チェック！

サラリーマンの方は、勤め先から住宅手当をもらっているケースがあるかと思います。社宅ではなく、民間の賃貸住宅の家賃分や、応分の費用を毎月給与とともに受け取っている場合があることでしょう。

持ち家を買った場合、会社によっては「住宅ローン減税があるよね」と、いきなり住宅手当がゼロとなる場合もあるようです。一方で、一律に「住宅補助」という形で賃貸も持ち家も同一金額を支給するなど、会社ごとにさまざまなケースが見受けられます。

住宅ローン減税を利用できる期間も限度がありますので、自宅を購入する際には、会社の人事や総務などの担当部署に一度相談することをお勧めします。諸事情に通じていて、アドバイスをくれたりする可能性もあるかもしれません。

住宅購入は、一生に一度かもしれない高額な買い物。使えるものは全て使って、助けてもらいましょう。

まだまだある！ 住宅ローン減税以外の〝住宅購入にまつわるおいしい話〟

住宅ローン減税の存在自体を知らなかった人はほとんどいなかったかもしれませんが、予想以上にメリットがあると思った方も多いと思います。

実は国が用意する国民への住宅取得の後押しは、これだけではありません。そこで、2023年5月現在、要件に当てはまるだけで利用できるお得な減税・非課税、補助金等を集めてみました。皆さまの参考になりましたら幸いです。

図3　住宅取得等資金に係る贈与税非課税措置の概要（令和４年度税制改正後）

父母や祖父母などの直系尊属から、住宅の新築・取得・増改築のための資金の贈与を受けた場合において、その資金のうち一定の金額について贈与税を非課税とする制度。

贈与税非課税限度額

質の高い住宅	一般住宅
1,000万円	500万円

主な要件

適用期限	令和４年１月１日から令和５年12月31日までに贈与
所得要件	贈与を受けた年の受贈者の合計所得額が2,000万円以下
質の高い住宅の要件	以下のいずれかに該当すること。 ①断熱性能等級４以上もしくは一次エネルギー消費量等級４以上 ②耐震等級２以上もしくは免震建築物 ③高齢者等配慮対策等級３以上

※合計所得金額が1,000万円以下の受贈者に限り、40㎡以上50㎡未満の住宅についても適用。
※既存住宅の築年数要件（対火住宅25年以内、非対火住宅20年以内）については、住宅ローン減税と同様に「昭和57年以降に建築された住宅」（新耐震基準適合住宅）に緩和。

※出典：国土交通省「住宅取得等資金に係る贈与税の非課税措置」

減税

◎ご両親や祖父母さまから、「家買うなら、ちょっと出してあげる」と資金援助が得られる際には、こちらをお勧めします。

《住宅取得等資金に係る贈与税非課税措置》

父母や祖父母などの直系尊属から、住宅の新築・取得又は増改築等のための資金を贈与により受けた場合に、一定額までの贈与につき贈与税が非課税になる制度です。（適用期限：令和5年12月31日）

◎売買の際の負担軽減に

《登録免許税の税率の軽減措置》

不動産の登録免許税の税率の軽減措置が、令和6年（2024年）3月31日まで延長されることになりました。

登録免許税とは、住宅や土地など不動産の登記を行う際に支払う税金です。不動産売買の際は必ず支払うことになっています。0・4～2％の税率がかかるところ、「床面積が50㎡以上であること」など、一定の要件を満たせば軽減税率が適用されます。

●住宅の新築時に行う「所有権保存登記」は0・4%↓0・15%（一般住宅）、0・1%（長期優良住宅・低炭素住宅）に軽減
●中古住宅の取得時に行う「所有権移転登記」は2%↓0・3%に軽減（一般住宅の場合）

《不動産取得税の軽減措置》

不動産取得税は、不動産を取得した際に支払う税金です。不動産価格に税率4%をかけた額のところを、新築住宅の場合3%に軽減されます。なお、この軽減措置は2024年3月31日までの取得が対象です。

一つだけ注意すべきは、「不動産価格」は実際の購入費用や建築費用ではなく、「固定資産税評価額」です。一般的に固定資産税評価額は、新築の建築費の50～60%程度といわれています。

《固定資産税の軽減措置》

新築住宅の場合は、固定資産税の軽減措置があります。この軽減措置は2024年3月31日まで延長されました。

一般の住宅は3年間（認定長期優良住宅5年間）、3階建て以上の耐火構造・準耐火構造の住宅は5年間（認定長期優良住宅7年間）、固定資産税額が2分の1に減額されます。これは、かなりインパクトが大きい減税です。

補助金・給付金

◎子育て世代の一戸建て住宅の新築・分譲、リフォームなら、こちら!

《こどもエコすまい支援事業》

子育て世帯・若者夫婦世帯による高い省エネ性能（ZEHレベル）を有する新築住宅の取得や、住宅の省エネ改修等に対して支援します。

■補助金額：100万円／戸

◎地球に優しいゼロ・エネルギー・ハウスに住むなら

《ZEH補助金》

ZEH住宅（ネット・ゼロ・エネルギー・ハウス〈通称：ゼッチ〉）は、住宅で消費するエネルギー量がプラスマイナスゼロになる住宅のことです。そのため、太陽光発電によるエネルギー創出、省エネ設備や断熱性に優れた材料などを使うことを求められています。ZEHを建築または購入する場合に受けられる補助金です。

■補助金額：

●「ZEH」として認定された物件は55万円

●より高性能なZEHである「ZEH＋」として認定された物件は100万円

◎木造住宅の木のぬくもりを大切にしたい方にはこちら

《地域型住宅グリーン化事業》

省エネルギー性能や耐久性などに優れた木造住宅を、国に採択されたグループの工務店で家を建てた場合に補助金が出ます。

■補助金額：

●認定長期優良住宅、ZEH、Nearly ZEHが140万円＋α

●認定低炭素住宅、ZEH Orientedが125万円＋α

【地方自治体独自の住宅取得支援制度】

意外に知られていないのですが、地方自治体でも住宅取得支援事業を行っている場合があります。住宅を取得する予定の自治体で検索してみてはいかがでしょうか。その際、「○○市　住宅取得　補助金」などでヒットする場合が多いようです。

「すまい給付金」は終わったけれど…、おいしい補助金はどうやって探すか

2019年10月に消費税が8%から10%に上がりました。日用品や食品でならそこまで気にならない2%の差も、住宅などの高額商品には、駆け込み購入や買い控えという影響を及ぼしました。

ただ、物件の価格に対してそのまま消費税がかかると思った方も多かったようです。例えば5000万円の物件では消費税が2%増えると、金額にして100万円上乗せとなるというように。実際は消費税がかかるのは建物だけで、土地は非課税なのでそこまで上乗せされません。

5000万円のマンション（うち、土地部分が2840万円、建物部分が2000万円、建物の消費税が160万円＝8%）の場合ですと、消費税が2%アップすると影響があるのは建物部分だけ。土地2840万円＋建物2000万円＋建物の消費税200万円＝

5040万円と40万円が上乗せされます。

ちなみに、中古物件で売主が個人の場合は、そもそも建物にも土地にも消費税がかからないので、消費税の増税で物件価格が変わるといったことはありません。ただ、購入の際に支払う仲介手数料や登記費用には消費税がかかるので、その部分だけ金額が少し高くなります。

この消費税引上げによる不動産需要の冷え込みを緩和するため、政府は2014年に消費税が5％から8％に増税されたタイミングで「すまい給付金」という住宅購入者の負担を軽減する制度を採りました（2023年以降は終了しています）。

僕がこの制度を知ったのは、日経新聞の記事からです。不動産取引の現場にいても、全ての補助金や給付金の制度を網羅しているわけではありません。口コミや新聞記事などで情報を得る場合も往々にしてあります。もちろん職場の同僚やお客さまから情報をいただくこともありますが、僕の感覚としては、不動産業者が全て取りこぼしなく知識を持っているかというと、疑問です。

では、住宅取引の情報が豊富とはいえない一般の方は、どのように給付金のような〝おいしい制度〟を見つけられるでしょうか。

僕は、単純にネット検索してしまう方法をお勧めしています。具体的には、「住宅　補助金」や「住宅　給付金」「持ち家　減税」というようにキーワードを組み合わせて探してみましょう。

国土交通省住宅局などの役所のページは、情報ソースとしては間違っておらず手堅いかもしれませんが、初心者には見方が分からず、少しハードルが高いかもしれません。

一般のお客さまを対象に書かれている住宅情報サイトなどの記事を何本か比べてみましょう。一つの情報ソースだけを信じ込んでしまうのは、記事に誤りがあった場合を考えると少し危険です。記事を作成しているサイトの信頼性を眺めつつ、2～3本比べてみると安心でしょう。

不動産で損をしてしまう人の大きな特徴

僕の不動産業界での知識を使って、得する方法を中心にお伝えしてきました。ここでは反対に、損をしてしまう人の特徴をお伝えしたいと思います。読者の皆さまは、決してマネしないように注意していただければ幸いです。「絶対に押すなよ」のようにお笑いで言っているのではありません。本当にマネしないようにしてください。

こう言ってしまうと少し悲しい気持ちになりますが、不動産投資で絶対に儲けてやろうとギラギラしている人は、損する場合が多いように感じます。

僕は基本的に家は、自宅として自分が住むために、自発的に買うものであるべきだと思います。「不動産購入で儲けよう」と思っていると、どうやったら儲かるか、という他人の意見を鵜呑みにしがちです。

駅近であるとか、ウォークインクローゼット付きがウケるとか、一つひとつは魅力的な条件だったりします。ところがこういった条件は、コロナ禍のところでもお伝えしたように、**ある日突然変わってしまう可能性もあります。**

住宅を購入するなら、まずは自分が住みたい家かどうか。当たり前すぎると思うでしょうが、案外ないがしろにされてしまうことがあるので、これがすごく大事なのです。

自分が住みたい家だからこそ家にも愛着が湧くし、自分が住みたいと思う家なので、他の人だって住んでみたいと思うに違いないのです。〝ほしい〟という気持ちにつれて、価格も上がります。少しばかり精神論が入りましたが、**損をする人の一番の特徴としては、「他人からの営業だけで買っている人」**です。

この最たる例は、「ワンルームマンション買いませんか？　こんなに儲かるんです！」という営業で購入してしまう人です。「今なら投資で高く売れるんです」という営業担当のトークで、裏付け調査もせずに買ってしまう。

自宅の購入であれば、やれ「投資だ」「投機だ」とギラギラせず、じっくり資産を築くつもりで探すはずなので、損することも騙されることも少ないと思います。

そもそも本当に儲かる物件は、営業担当からすると営業しなくても勝手に売れます。自宅を買うのなら、自分で「これだっ！」と腹落ちするかどうか。そのほうが、運命の出会いというか、自分の中でのプレミアム感も湧いてきます。

自宅を売却される際に、「まさかこんなに高い金額まで上がると思ってなかったよ」とおっしゃる自然体のお客さまほど得をされています。

僕の感覚では、「こんなに高くで売っていいの？」みたいな感じの人が得されて、「絶対上がると思って買ったんです！」と言う方のほうが、そんなに儲かっていないようで…。不動産売買を通じて、世の中の無情を感じる1コマです。

また、**うたぐり深すぎる人も損しがちです**。営業担当の側から見て、「こんなに疑ってこられたら、手を替え品を替えで、駆け引きするしか仕方ないな」と考えてしまいます。本来自分の味方に引き込むべき営業担当を疑心暗鬼にさせてしまうと、この時点でお得な情報は飛び去ると考えましょう。どちらかというと、**「この人のために何とかしてやりたいな、この人たちに損させたくない」と営業担当に思わせたら勝ち**です。

そうはいっても、いつも良い顔ばかりも甘く見られるかもしれません。要は、ご自分で「これだ!」と思ったものまで疑ってかかり、重箱の隅をつついて壊してしまう人は、結局買い逃してしまい、損しやすいということです。

ある程度見る目を養ったら、ご自分の「これだ!」という直感を信じて決めるのが大事だとお伝えしたいです。

不動産営業担当がやる気が出る一言

毎日のようにマイホーム購入や売却のお客さまと接する不動産営業担当。「営業担当を巻き込んで味方につけましょう」とお伝えしましたが、営業のほしい情報を伝えるのも、彼らを味方につける大きな一手です。

実は**不動産業界は、購入のお客さまよりも、売却のお客さまのほうを歓迎します。**というのは、その売り物件は自社で縛りをかけて、自社のお客さまに固定にできるからです。

一方で、購入のお客さまはどれだけ物件を紹介しても、最後に別の会社から購入されるケースがあります。自社で固定できないからです。

もし、**「住み替えを考えています」**なんてお客さままでしたら、もう、最優先でお取り扱いされるでしょう。

そこで不動産営業担当とお話しする際に、自分の売り物件がなくても、**「知り合いに、近々家を売りたいっていう人がいます。こちらの家を買う際に頑張ってくれたら、その人を紹介しますよ」**と話せば、営業担当はすごく頑張ります。

購入だけでも、**「もし売るとなったら、絶対あなたにお願いするからね」**と言ったら、頑張って値引きしてくれると思います。もちろん、嘘はついてはいけませんが…。

アンチ記事も多いタワーマンション。余裕があるなら購入するのはお勧め

ただ買って住んでいただけで、知らず知らずのうちに価格が上昇したというケースは珍しくありません。中には**1000万円以上の富を得る人がいますが、往々にしてタワーマンションにお住まいだった方**でした。

住宅業界では、タワーマンションを「タワマンブランド」と呼ぶことが多いです。タワーマンションというだけでブランド力があり、人気が高いのです。

「タワマンブランド」の輝きは今でも全然廃《すた》れておらず、購入後お住まいになり、いざ売却となったときの売却価格はあまり下がらないのが現状です。「リセールバリューがある」ともいえます。

もし住宅を購入される際に予算が許すならば、資産価値が下がりにくいという意味でも、タワーマンションは一つの魅力ある選択肢になります。

むしろ、ご自分が住んでから賃貸に出す場合などを考えると、ブランド力のあるタワーマンションはとても魅力的な物件になり、空室の心配が少ない優良賃貸物件になる可能性が高いです。

タワーマンションは共用施設が多く、ジムやスパが使えたり、プールがあったりなど、管理費用はそれ相応にかかりますが、住環境として見ると素晴らしい物件が多いです。ご自身は退去して賃貸として貸す場合には、その設備に見合った賃料が取れます。

一時、タワーマンションに対するアンチ記事が、毎日のようにネットをにぎわせました。しかしタワーマンションの住宅としての商品価値は、**多くの記事が叩いているほど悪くはありません。**

「将来の修繕《しゅうぜん》費用がとんでもなく高額になるに違いない」という記事もよく見かけます。でも前例がなく、想像の域を出ない話ばかりです。

タワーマンションに住んでみて、**万が一気に入らなければ、売却するなり、賃貸に出すなりすればよい**と考えています。どちらの場合も資産価値を下げずにできるので、もし購入時に予算に余裕があって中層階以下のマンションと悩んでいる場合には、タワーマンションを購入するのも選択肢の一つとして僕はアリだと考えています。

タワマンは大手による管理と、住民の負担が小さいメリットがある

タワーマンションはほぼ100%、大手が分譲しています。三井や三菱の財閥系や東急などの鉄道系の大手が分譲した物件はブランドになりますし、それがマンションの価値にもなります。

管理組合にしても、大手分譲会社と組んで仕事をしているので、スタートからしっかり運営。管理を委託されている会社も大手の系列で、経営基盤・お仕事ともにしっかりしているところが多いでしょう。

管理の話が出ましたが、**「マンションの寿命は管理会社で決まる」と言われるほど。マンション管理会社の役割は重い**ものがあります。

マンションは、いわば現代の長屋。知らない他人同士が集まって共同住宅に住むのですから、第3者の立場の管理会社の舵取りで、住環境や建物の寿命に大きな影響が出るのはやむを得ないでしょう。その点、**大手系列の管理会社であれば経験とノウハウが豊富で、安心してお任せすることができます。**

また、タワーマンションは戸数も多いので分担した場合の一戸あたりの負担が減りますから、**修繕や費用計画の面でもメリット**があります。

例えば、アンチ記事でも話題に上がる修繕計画ですが、確かにタワーマンションでは修繕の規模が大きいので総額は大きな金額になるはずです。一方で総戸数が多いので、一戸あたりの負担は相応な水準に抑えられます。

また、最近は自然災害の激甚《げきじん》化がよくニュースになります。台風などで急な修繕の必要が生じたときに、小規模のマンションでは10戸で割り振らなければならないところ、タワーマンションであれば1000戸以上で負担を分け合うということもあります。

マンションの管理費を滞納する家庭が出たときのダメージも、戸数によって大きく変わってきます。リスク分散と考えれば、総戸数が多い大規模マンションやタワーマンションが有利でしょう。

住民が必ず参加しなければならないところが多い管理組合の理事ですが、負担に感じる人が多いようです。小規模マンションで10戸しかなければ、理事長の役割は10年に1回必ず果たさなければなりません。タワーマンションであれば**回ってくる機会はなかなかない**かもしれず、心理的な負担も軽減されます。

税制改正はあったけれど、やっぱり有利なタワマン相続

相続税対策で、現金を不動産に変えておく方は多いですが、タワーマンションが最適という話があります。単純に土地を割り振るので、戸数が多ければ土地の持ち分が少なくなるからです。ただし税制改正で、ものすごくおいしかった全部屋均等負担はなくなりましたが。

とはいえ、土地に対する戸数が多いので、小・中規模のマンションを購入するよりは、タワーマンションのほうが不動産としての評価額が抑えられるのに変わりはないため、相続に有利に働きます。

相続も視野に入れてのマンション購入であれば、タワーマンションはかなりお勧めです。

家を買って住むだけで1000万円以上の富を得る人がいる

タワーマンションをお勧めする際に、1000万円以上の得をする人がいるとお伝えし

ました。そんな話を聞いたことがある人の中には、これくらい急激に値上がりしないと得をしないように思われる方も少なくないようです。

ところが僕自身は、「それはどうかな」と思っています。

マイホームの購入は、人の生活の基本である「衣食住」の「住」の部分をきっちり自分で固めることだと思っています。

家を買わない人も、毎月の家賃は払っているはずです。高い安いはあるかもしれませんが、毎月〝住居費〟にお金を払う。それが〝資産になる〟というのが、家を買って住むことのメリットです。

マイホームを購入すれば、例えば35年経ったときに3000万円のローンはゼロになり、〝家〟という資産が自分の手元に残ります。確かに経年劣化することで、3000万円で買った家が2000万円や1000万円でしか売れないかもしれない。それでも1000万円という価値ある資産が自分の手元に残ります。

「資産を創る」という観点で見たら、**不動産価格が上がらなくても、1000万円以上の富を得ることは約束**されていそう。そんなふうに考えるのは、全然おかしくないことでしょう。

また、一介のサラリーマンに金融機関が「ぽんっ」と数千万円を融資してくれるのは、住宅ローン以外にはありません。住宅ローンは国策として、国民の住宅取得を国が後押ししており制度も整っているので、金融機関も安心して融資してくれるわけです。こんな面でも、**家を買うだけで資産形成の大きなチャンスをもらっている**といえます。

前項で「タワーマンションは値崩れしにくく、値上がりしやすいですよ」とお伝えしましたが、1000万円単位で値上がりする不動産はタワーマンションばかりではありません。

タワーマンションと同じように、立地が東京で人気の湾岸地域であったり、分譲時にももともと安かったりした物件は、軒並み1000万円単位で値上がりしています。

例を挙げますと、オリンピックの選手村でできたHARUMI FLAGというエリアに建つマンションでは、高確率で1000万円以上得されると思います。「東京五輪の水泳で人気の○○選手が、ベランダで微笑んだマンション」など、売れるエピソードに事欠かずブランド化しています。

オリンピックはもう終わってしまいましたので、次項からは住宅価格が上がる要因をお伝えしたいと思います。

関西圏の住宅価格が上がる可能性を秘めるもの

東京オリンピックもそうでしたが、社会的に大きなイベントの開催は、不動産価格に影響が出る可能性が高いと考えています。

近い将来の日本で開催のイベントといえば、**2025年開催の大阪万博は、ほぼ間違いなく不動産価格に影響を及ぼす**と思います。

大阪駅近辺から会場になる人工島の「夢洲《ゆめしま》（大阪市此花区）」まで、交通インフラをはじめ、日本初の空飛ぶタクシーも登場するようです。

このようにインフラ整備が行われ、人の流れが変わったりすれば、新たに乗り換えターミナルとなる駅やバス接続地を中心に、地域の不動産価格が塗り替えられる可能性が高いです。

不動産価格は、オリンピックや大阪万博のような国や行政主体のイベントや政策が出た場合には、もう間違いないといえるほど影響が出ます。マイホーム購入の際には、イベントの影響も考えに入れると安心です。

日本人の生活スタイルを考えれば、不動産業界のトレンドが分かる

「どのような物件を購入すれば得をすることができるのか？」という質問をよくされます。不動産業者の目線から見れば良い物件なのに、一般の方から見るとどうしても古臭く見えてしまって成約に至らないケースもあり、判断はなかなか難しくなります。

ただ一ついえることは、**不動産もその時代ごとに流行（トレンド）が存在する**ということ。それはいったい、どういうものなのかご説明しましょう。

例えば間取りでいうと、築年数の古い物件になればなるほど3Kや4Kといったタイプが多く、同じ面積でも築年数が新しくなるほど2LDKや3LDKといったタイプが多くなります。

築年数の古い物件の中にはフルリフォームされて、まるで新築のように生まれ変わっている物件も存在しますので一概には言い切れませんが、建築当初の間取図を見ると、昔の物件ほど3Kや4Kといった間取りが多いのです。

ちなみに、**KとDKとLDKの違い**はご存知でしょうか。まず言葉の意味としては、K

＝キッチン、DK＝ダイニングキッチン、LDK＝リビングダイニングキッチンとなります。

さらには「不動産の表示に関する公正競争規約施行規則」という長ったらしい規則（通称で「表示規約」や「広告規約」と略されます）に定められているのですが、**部屋の大きさが一定水準をクリアしているかどうか**でLDKなどと表示できるかどうかが決まります。

居室が1部屋ならDKは4・5帖以上、LDKは8帖以上、居室が2部屋以上ならDKは6帖以上、LDKは10帖以上となることを基準としています。

1LDKのように居室が1部屋なら、Kは4・5帖未満、DKは4・5帖以上8帖未満、LDKは8帖以上となります。2LDKや3LDKのように居室が2部屋以上なら、Kは6帖未満、DKは6帖以上10帖未満、LDKは10帖以上とされています。

さて話を本題に戻しますが、**築年数の古い物件ほどKやDKが多く、新しい物件ほどLDKが採用されている**のです。

これがいわゆる不動産業界のトレンドです。

なぜLDKが増えてきたのでしょうか。それは、日本人の生活スタイルの変化が関係しています。

昔の日本は、キッチンは台所と呼ばれ、一家の女性のみが炊事をするための空間でした。『サザエさん』を思い出していただければ分かると思うのですが、波平さんとマスオさんが台所に立っているシーンはなかなか想像できないでしょう。彼らは通常、食事が出来上がるのを居間で待ち、そこで食事をするのです。

そういった生活スタイルを考えると、キッチンが広い必要は全くありません。その広さの分だけ、他に居間を一室造ることのほうが魅力的だったのです。

それから時代を経て、台所にダイニングテーブルを置いて食事をする家庭が増えました。そうなると、6帖未満のキッチンでは少し手狭になったのです。そうした流れで、2DKや3DKといった間取りの物件が増えました。

さらに時代は流れ、ジェンダー意識が変わって、家族全員で食事の準備などの家事を協力して取り組むようになると、キッチンのある部屋が家族団らんの場になっていきました。

そうなってくるとダイニングテーブルの他に、ソファやテレビまで必要になってきます。その全てを賄《まかな》おうとすると6帖どころでは足りないので、10帖以上が必要になってきました。

ですから同じ面積の物件でも、新しい物件になるほど居室が少ない代わりにキッチンへ続く部屋が広くなっているのです。こうして2LDKや3LDKといった間取りへと変わっていきました。

近年では家での時間のほとんどをLDKで過ごす家庭も増え、パソコンや子どものおもちゃまでLDKに設置する必要が生じてきました。そうなってくると、10帖どころか20帖以上といったとにかく大きなLDKというのが、リッチな暮らしの代名詞となっていったのです。

それが、不動産業界における間取りのトレンドになります。

ちょっと驚かれるかもしれませんが、**床材のトレンドも存在します。**

和室から洋室といった単純な流れだけではなく、**和室の畳からフローリングになる前に、カーペットフロアが流行した時期もありました。** 遮音等級にもよりますが、一般的にフローリングよりも畳のほうが足音を吸収します。階下への騒音を考えると、和室の畳からフローリングに急に変えるのは、リスクがあったのです。

また、小さな子どものいる家庭は、子どもが転んで頭を打たないかなども心配します。そう考えると、畳からフローリングにするのは非常に勇気のいることなのです。平成初期くらいに建てられた物件は、洋室がカーペットフロアになっているものが多いのです。

しかし、そこから**フローリングの性能も上がり、掃除のしやすさなどから、フローリングが一般的になっていった**のです。

細かい話をすると、**フローリングの色合いにもトレンドは存在します。**僕が新卒で入社した2013年頃は、真っ白な色のフローリングが大流行していました。内見時にすごくきれいに見えることから、特に女性を中心に人気で「白のフローリングじゃないと契約したくない」というお客さまがいたのを覚えています。

しかし、実際に白を基調にした部屋に住んでみると分かると思うのですが、白というのはなかなか無機質で、なんだか落ち着かないという人が続出しました。汚れが目立ちやすいのもデメリットです。

そういった方が多かったのか、2015年頃には落ち着いた色合いのフローリングへとトレンドは変わっていったのです。

さまざまな住宅のトレンドが存在しますけれど、**その時代の日本人の生活スタイルに合った間取りの部屋が人気になり、値崩れせずに取引されることが多い**ということを覚えておいて損はないでしょう。

マンガ、TVドラマロケ地は住宅価格上昇？ 意外に大きいメディアの力

ARUHIが発表する「本当に住みやすい街大賞」で一度、関東ランキングで赤羽が1位になりました。

赤羽は、中高年の方にはなじみがある街だと思いますが、もともとは「ディープな東京」のイメージでした。そこへ一人飲みなどが流行り始め、若い方が「ちょっと見たことがない店に行く」流行が数年前ぐらいからあり、清野とおるさんのマンガ『東京都北区赤羽』で一大ブレイクを起こし、山田孝之さんなどがドラマでロケに来たりし始め、若い人の間でも身近になってきた印象でした。不動産にも、世間のトレンドが影響するわかりやすい例です。とはいえ元から交通至便で、お店が多く物価が安くて暮らしやすく、ポテンシャルはあった街です。

赤羽に限らず、マンガやCM、テレビドラマのようなメディアの力で街のイメージが変わっていくことは実際にあります。マンガやドラマで気に入った街でマイホームを購入す

れば、その後の値上がりもついてくるかもしれません。

住みたい街ランキングの意外な落とし穴、仕組みを知れば避けられる

「住みたい街ランキング」や「住んでよかった街ランキング」。物件探しをしていない方の中にも、このランキングをチェックすることを趣味にされている方もいて、ずっと話題に挙がっています。不動産・住宅情報サイト「SUUMO（スーモ）」発表の「住みたい街ランキング」2023年版では、首都圏総合1位は横浜、関西1位は梅田でした。

一般の人の意見の集約ですが、不動産価格への影響は無視できないものがあります。1位にでもなろうものなら注目度は上がり、不動産価格への影響もジワジワ出てきます。

ただし一つ落とし穴と考えられるのは、こういった**ランキングは駅に投票するものがある**ということ。

上位の常連である横浜駅を例にしますと、あくまで横浜市内に住みたい人が、横浜駅に投票し、同じように目黒区に住みたい人が目黒駅に投票している例もあると思うのです。

それを裏付けることとして、**ランキング上位には行政区の名前となっている駅が多い**という事実があります。

いずれにしても**実際の人気とランキングとの乖離《かいり》は、僕は絶対あると思っています。**投票した全員に話を聞いたわけではないので正確なところは調べようがありませんが、「ランキングはそんなもの」だと認識し、妄信だけはしないようにしてくだされば幸いです。

ランキングとは違いますが、イメージ戦略的なことで成功した事例は他にもあります。三井不動産が大規模に再開発した「芝浦アイランド」がそうで、街をこのような名称に定め、タワーマンションを何棟も建てて、ＳＭＡＰを起用して爽やかなイメージいっぱいのＣＭを流しました。すると、多くの方が移住してきたのです。

芝浦アイランドのタワーマンションは、**ただ住んでいただけで、売却時に1000万、2000万円得した方が山ほどいらっしゃいます。**

イメージがいいからと買った方が、10年後に売ろうと思ったら何千万円も得していたというケースは、枚挙にいとまがありません。**大手不動産会社のイメージ戦略の勝利**です。

都心の一等地だけでなく、なぜ周辺も値上がりしたのか

外国人による日本の不動産買いが話題になっています。僕が住友不動産販売へ勤めていた2013年頃から、既に東京都心部の港区・中央区・千代田区が投機的な意味で買われて、とにかく中国人の方の勢いはすごかったんです。

日本の不動産は欧米のように非居住者の取得制限がないので、日本に来なくても買えてしまいます。また、最近は円安の影響もあって、一説には上海のマンション1室を売れば、東京でビル1棟買えるとか。

投機目的の購入だけでなく、最初は賃貸に出しておいて仕事を引退して時間ができたら、東京の別荘にしたいというお客さまもいらっしゃいました。日本に観光に来たりと、中国の人は日本好きな方が多いように感じました。日本の不動産購入のセミナーが、中国で開かれたりもするようです。

彼らの特徴は高価格帯狙い。タワーマンションの眺望の良い部屋などを、都心部で買う方が多い印象です。

この外国人による「日本爆買い（不動産編）」で高価格帯を買おうとしている人は、1億何千万円以上のマンションを買おうとしている一方で、もちろん8千万〜9千万円ぐらいのマンションも見ていらっしゃいます。この影響で、**東京全体がじわじわと引っ張られて、値上がりしてきた側面もあるでしょう。**

もともと港区に住みたかったけれど値上がりで予算が足りなくなり、港区をやめて目黒区か渋谷区にしようとなって、目黒区・渋谷区までが上がる。目黒・渋谷で考えていらっしゃる方が、城南が厳しいから城西だったり城北のほうに行こうとか。この10年を振り返ったときには、まず港区・中央区・千代田区が上がっていって、そこからどんどん周りへ影響が浸透していきました。

一方で裏を返せば、もし売却する際には買い手に事欠かないことになります。外国人の非居住者への不動産取得規制等の法律ができたら、潮目が変わる可能性はありますが。

知名度は高くなくても、新路線や直通電車で住宅価格は上がる

少し前で、東京オリンピックや大阪万博などのイベントで、不動産価格が上昇するというお話をしました。ここではインフラ関係である鉄道の新路線や直通電車で住宅価格が上がることをお伝えしたいと思います。

鉄道の影響としては、新路線開通が不動産価格を最も上昇させます。東京を見たとき、近年ですと**「つくばエクスプレス」や「日暮里・舎人ライナー」**などです。

「日暮里・舎人ライナー」は、荒川区の日暮里と足立区の舎人地区を結ぶ新交通システム。開業した2008年から、地域の人は盤石な通勤・通学の足を手に入れたことになります。

知名度はあまり高くない公共交通路線ですが、「日暮里・舎人ライナー」ができる前とできた後では、沿線の不動産相場は実際に大きく変わりました。

有楽町線延伸（豊洲〜住吉間）、南北線延伸（品川〜白金高輪間）については、運営を行う東京メトロは国土交通大臣から鉄道事業許可を受けています。開通が実現すれば、延伸するエリアの住宅価格は上がるに違いないでしょう。こうして東京の湾岸部は、またも

う一段住宅価格が上がるのではないでしょうか。

第2章

そもそも家は買うほうが得か？借りるほうが得か？

70歳を超えるとほぼ借りられなくなる

賃貸住宅は契約時にあまり縛りがなく、気軽に入居できる住居形態です。2年ほどで契約更新する物件が多く、「何かあったら引っ越せばいいや」と、心理的なハードルも低くできます。

最近は賃貸どころか、ホテルを長期契約して荷物も最小限にし、気が向いた場所で生活するホテル暮らし派も増えてきているようです。これもコロナ禍の影響で、ホテル側が長期利用顧客に安価なプランを提供し始めたり、テレワークで仕事が完結する方が増えたりした事情も関係があるでしょう。なんとも身軽な暮らしです。

一方で、賃貸契約が難しい人もいらっしゃいます。一時ニュースで、賃貸の貸主側が高齢の入居希望者との契約を避けることが社会問題になりました。

「高齢者」とは、実際に何歳からを定義するのでしょうか。これが、法律によってまちまちです。

賃貸住宅に関係がありそうな「高齢者の居住の安定確保に関する法律（平成13年法律第

26号）」では、高齢者を60歳以上と定義。一方で医療の世界では、「高齢者の医療の確保に関する法律（昭和57年法律第80号）」によると、前期高齢者を65歳以上74歳以下、後期高齢者を75歳以上の者と定義するとのこと。

概ね、60歳くらいからの新規賃貸住宅契約は、ハードルが上がりそうです。ただ僕の経験でいえば実際のところは、70歳以上から断られるケースが多いです。**60歳から徐々にハードルが上がり、70代で一気にほとんどの物件が借りられなくなる**、というイメージになります。

高齢者の賃貸住宅契約が難しくなっていく背景には、貸主さんの物件価値を守りたいという気持ちが反映しています。健康問題が特に心配の種となるようです。孤独死をされて遺体が数日間発見されずに建物が傷んだり特殊清掃を行ったりした場合は、いわゆる心理的瑕疵《かし》物件の告知が必要になってしまいます。入居者が認知症になった場合は、周辺住民の方に迷惑を及ぼしてしまうケースがあったりします。

この事態を重く見た国は「住宅セーフティネット制度」を立ち上げ、入居困難者の解消に予算をつけています。「住宅セーフティネット制度」を推進するために「住宅確保要配慮者に対する賃貸住宅の供給の促進に関する法律」が存在します。低所得者や被災者、高齢者など、住宅確保に配慮を要する方に住宅を供給するための支援の指針を定めた法律です。

ザックリ解説すると、家を借りにくい人を受け入れる賃貸住宅には、国から改修費用の補助が受けられたり、家賃滞納などのリスクがあっても、国と地方公共団体から補助金が交付されたりします。

社会的意義としては、弱者救済の素晴らしい取り組みではあるのです。しかし、**不動産賃貸の現場では、よっぽどの正義感や使命感がないと、「住宅セーフティネット制度には登録する意味がない」というムード**です。

今後10年ほどで、高齢者、特に単身高齢者は100万人規模で増加するという予想もあります。そうなると、ずっと住み続けられると思っていた賃貸住宅でも、契約の種類によっては再契約を断られてしまうケースや、新しい物件に引っ越そうとしても入居を断られてしまうといったケースが心配されます。

「不動産の営業担当をやっていました」と自己紹介したりすると、「家は、持ち家と賃貸とどっちが得なの？」とよく聞かれます。以上ご説明してきた通り、賃貸住宅には高齢になると予想以上に契約が難しくなる現実があることはよく覚えておきましょう。

老後の備えを考えると、「衣食住」の住居部分が「持ち家」で自分の所有物であるとい

うのは、気持ちの部分で大きな安心感があります。「持ち家」であれば資産として活用することも可能です。単に賃貸住宅に住んで家賃を払い続けている状態を「消費」と考えれば、大きな隔たりがあるでしょう。

かなり厳しい現状をお伝えしました。実際に僕は賃貸住宅のお世話をする現場で、若いうちは良かったけれども、高齢者になって引っ越すことになるも転居希望先で入居の審査に通らず、どんどん落ちて途方に暮れる人を多数見てきています。「賃貸派の方は、大変な事態になる可能性がありますよ」と警鐘を鳴らしたい気持ちです。

サ高住や老人ホームがあるよね？と安心するのは待って！

「賃貸住宅でも、高齢者専用もありますよね？」そんな疑問をお持ちの方もいらっしゃるかもしれません。

最近は、高齢者向け賃貸住宅として、「サービス付き高齢者向け住宅（サ高住）」や「シニア向け賃貸住宅」もあります。高齢者向けなので、こういった賃貸であれば、年齢でお断りされることはありません。

そうはいっても、**家賃の設定が高めなのはネック。月額20万円を超えてくるところが多いようです。一般の人が、年金だけでカバーするのは難しい**と考えられます。医療や食事、介護のサービスが付帯可能であることが、家賃を高くしている要因でしょう。

ですからサービス付き高齢者向け住宅などは、「資産として持ち家があったけれど、子どもも独立して大きな家を維持するのは大変になったので住み替えたい」といった資金に余裕がある方向けの住み替えには、最適だとは思います。

また以前からある、いわゆる老人ホームも賃貸の一種と考えることもできるでしょう。数が不足気味で入居までの待ち時間がかかってしまう特別養護老人ホームは、要介護3以上であれば入居可能です。利用料は、月額10万～20万円くらい。もう少し「条件が少ない」介護付き有料老人ホームは、高額な入居金が必要な場合もあります。利用料は、月額15万～30万円程。

こうして見てみると、「高齢者向け賃貸住宅」と銘打っている住宅は、若い頃の賃貸住宅とは様相がずいぶんと違うようです。

「家などの不動産など持たずに、一生身軽でいたい」という希望がある場合は、60歳代以降は賃料が高めになっていく可能性が十分にあると覚悟しておきましょう。

大金持ちほど賃貸に住むのはなぜか？

最近よく目にするのが、**「家を買うよりも、賃貸のほうがいいんだよ」というネット記事。その声を大にして放言しているのは、ほぼ全員〝大金持ちの方々〟**です。

大金持ちの堀江貴文さんやひろゆきさんたちは資産家です。ポンッとロケット事業に60億円を投じる堀江貴文さん。明日にもマンションや戸建ての1つや2つは、それこそ1区画や1棟単位ですぐに買える資産規模をお持ちです。そんな資産家の発言は、われわれ庶民には混乱をもたらすことはあれ、参考にはならないと思います。

僕は、大金持ちでない方は、家は買うべきだと思っています。繰り返しになりますが、家を買うことは、とても恵まれた条件でできる資産形成でもあるからです。一般庶民にも銀行が何千万円というお金を貸してくれるのは、住宅ローンしかありません。これこそ、資産を築くビッグチャンスとなります。しかも今は、〝歴史的低金利〟と言われるくらい金利が安い時代。資産形成をし、かつ老後の衣食住の「住」の部分を困らないようにできる好機なのです。

逆に大金持ちの人は、資産形成をマイホーム購入だけに頼らなくて済むので、別の投資商品を手に入れたり、会社やビジネスを始めたりなど、何でもできる資金を手元にお持ちです。銀行にお金を預けているだけで、結構な額の利子が入る貯金を持っている方もいらっしゃるかもしれません。そんな**大金持ちの方は、家を買う必要はそこまでない**のです。賃貸のほうが、飽きたら別の所に引っ越すこともできます。豪華な雰囲気がお好みなら、六本木ヒルズや住友不動産の「ラ・トゥール」はじめ家賃が月に200万円などの東京都心の超高級マンション。自然に囲まれてくつろぎたいなら、薪ストーブで暖をとるなどの設備が充実した軽井沢の別荘など、大金持ちの方用の賃貸住宅も充実しています。

また、**賃貸住宅の家賃は事業の経費として落としやすい側面があります。大金持ちの事業家は、その点に着目して住んでいる場合もあるはずです。**

一般の方は、まずはマイホーム購入で〝資産形成〟を狙ってみてはいかがでしょうか。

実際のところ今の高齢者の持ち家率が高いのはなぜか？

第二次世界大戦が終了すると、戦後の復興で「住宅金融公庫」が創設されました。この公的な貸付制度が開始され、日本が高度経済成長の波に乗ると、マイホーム購入が大きく後押しされることになりました。住宅金融公庫は銀行の住宅ローンに役割を継承し、２００７年に廃止されます。

ｐ96の図４にある通り、**日本の60代以上の持ち家率は約8割**です。その背景には、こうした政府の持ち家政策もあったからだと思います。

それと今の高齢者は、借家を嫌う世代だという特徴もあります。

現在は賃貸住宅の家賃は振り込みが当たり前で、借りている部屋の大家さんに会ったことがない人は珍しくありません。

ところが昭和の時代くらいまでは、金融サービスもあまり整備されておらず、賃貸住宅の家賃は大家さんへ毎月手渡しのところも多かったようです。

特に、住宅が不足していた関東大震災後や第二次世界大戦後しばらくの頃は、「貸していただいている店子《たなこ》」「貸してやっている大家」という力関係が存在する場合もありました。毎月賃料を払っているのに、おかしな話ではありますが。

毎日帰り安らぐはずの家なのに、「借家なんて嫌だ」という気持ちが育まれていくのは自然なことです。**「家は自分で持ちたい」という借家の辛さを知っている世代**だから、持ち家にこだわりができたのでしょう。

ここで一つ不動産豆知識ですが、賃貸住宅の「礼金」制度は、関東大震災の後や戦後の家がない時代に、大家さんに「住まわせていただき、ありがとうございます」という〝お礼〟として払った「礼金」が、今でもずっと残り続けているようです。

図4　家計主の年齢階級別持ち家世帯率―全国（平成25年）

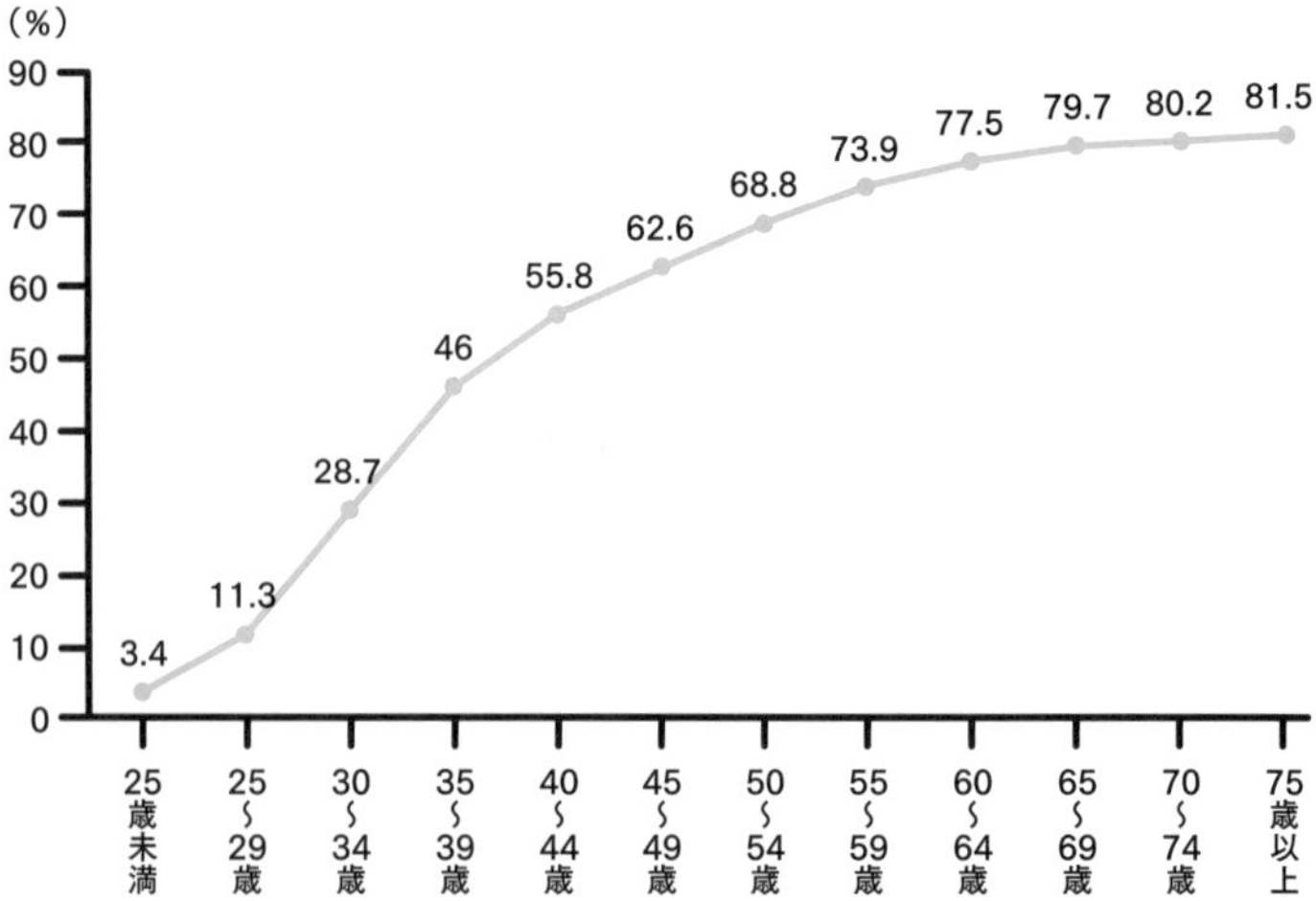

※出典：総務省統計局「世帯の居住状況とその推移」

一方で、**親が持ち家の世代である平成世代などは、借家の辛さを知りません。**一人暮らしを始めて初めて賃貸住宅に住む若者もたくさんいますし、昔と比べると借家で不便を感じた経験があまりない世代だといえると思います。

家を買うというのは、好きなときに使える資産を手に入れるということ

しっかり住宅ローンを払ってきたら、長くてもたいていは35年で完済を迎えます。繰り上げ返済で数年、数十年単位で早く払い終わっている人もいるかもしれません。これで債務（借金）はなくなり、住宅ローンは終了です。銀行と登記所で手続きして、抵当権を外してもらいましょう。物件の価値そのものが、あなたの資産になる瞬間です。

愛しのわが家も、契約当時より少し建物や内装に年季が入った感じになっているかもしれません。気分を変えたくて、もしくは必要に迫られて、建物のリフォームを何度か経験していることもあるでしょう。

住宅ローンの完済後に物件価格が資産になるとお伝えしましたが、**実は売買契約が完了**

した時点から、購入した住宅はあなたの立派な資産です。資金が必要になった際には、住宅を元手にお金を借りることができます。一旦売却して、住宅ローンとの差額の資金を得ることもできます。

賃貸に出して利益を得ることもできるでしょう。これが、資産を手中にするということです。

賃貸住宅とマイホーム購入との大きな違いは、住居費を資産として運用できるか・できないかという点にあります。

例えば、毎月15万円ずつ住居費に払っている賃貸住宅の方は、毎月家賃を払っているだけで手元にお金は残りません。

一方で、マイホームを購入した人は、毎月15万円払うごとに住宅ローンの残債が減り、自分の資産の部分が増えていきます。ここが大きな違いだと僕は思っています。

単純に、住宅ローンを全部支払い終えた際に、**そのマンションが2000万円で売れるのであれば、2000万円の資産になっているということ**です。

住宅ローン完済後は住んでいる家が資産になっているのですから、老後の備えとしても活用できます。

一生賃貸住宅に住み続けることは困難だと先ほどお伝えしましたが、最後はサ高住や老人ホームに住むことになったとしても、自宅を売却して資金が得られる状態になっているのはとても頼もしいといえるのではないでしょうか。

退去せずに、自宅に暮らしながら自宅から資金を得る方法

これまで、マイホームを購入し、住宅ローンを完済すると資産になる、とお伝えしてきました。高齢になって子どもが独立したりすると、住み慣れたわが家が少々広すぎるな、と感じることもあるでしょう。また、健康上の理由で階段の上り下りが厳しくなると、2階建ては活用しづらくなってくることもあります。

そのような際は、マイホームは売却してサ高住や老人ホームに住み替えるイメージでした。

一方で、**自宅に住みながら、自宅を担保に生活資金を得る「リバースモーゲージ」**というサービスも増えつつあります。主に銀行が取り扱っているようです。

僕は不動産業界にいるのであまり取り扱う機会がないのですが、不動産を老後資金に活用する一つの方法として「リバースモーゲージ」のメリット・デメリットをご紹介しておきます。

《リバースモーゲージのメリット》

- 自宅を担保にして、住み続けながら老後資金の借り入れができる
- 借り入れした本人が死亡した場合も、配偶者が契約を引き継げるようにしている金融機関が多いため、配偶者の居住に関するリスクを回避できる
- 住み慣れたわが家に引き続き住むことで、地域のコミュニティの縁が継続できる

《リバースモーゲージのデメリット》

- 高齢になって健康に不安が出てきた際に、若い頃購入した自宅では対応できない場合もある
- 歴史が浅い制度のため、ある程度の資産価値がある物件が中心となる
- 融資期間が長期にわたった場合の不動産価格の下落に備えるため、物件評価額に対して融資額が50～70％と低く設定されがち

また、似たようなサービスに、「リースバック」があります。**「リースバック」とは、今お住まいの自宅を売却し代金を受け取った後も、同じ物件に住み続けられるサービス**のこと。売却した自宅はリース（賃貸）の扱いとなるため、**家賃を払って住む**ことになります。こちらも新しいサービスのため、普及率はこれからといったところでしょうか。

リバースモーゲージもリースバックも、住み慣れたわが家に住み続けることができます。慣れ親しんだ環境や、気の置けないご近所との付き合い、お気に入りの散歩道などがある場合は、離れがたく思われるのも当然の心境でしょう。

ここであえて僕の素直な意見を言わせていただくと、**高齢になって家族構成や健康状態が変わってきたら、住まいも変えたほうが毎日の幸せにつながるのではないかな**、と思っています。

お子さんが小学生の頃は、一戸建ての広い庭に犬を駆け回らせるのが楽しかったかもしれません。30年経って、広い庭の植物の手入れに手が回らなくなってきた。防犯面でも、近所の人に心配されたりする。そうなったら、「思い切って、もっとコンパクトなマンションに住み替えるのも、一つの方法です」と提案しています。

第3章

家を買える人と買えない人の「決定的な違い」とは

家が買えない代表的な4つのタイプ

前項でもお伝えしてきた通り、家を買うのに興味がない人は若い世代を中心に確かにいます。一方で家を買いたい人も、若い世代も含めてもちろんたくさんいます。では、最初から買う気がない人は別として、ほしくてもなかなか買えない人はどんなタイプなのか？

ここで、僕が不動産営業の現場でよく目にする「家が買えないタイプ」として、次の4つを挙げましょう。

タイプ1　物事を目先の損得で考える
タイプ2　頭で考えすぎて疑り深い
タイプ3　物事を長期で考えられず俯瞰《ふかん》できない
タイプ4　借りるより買うほうがすごく高いと思い込んでいる

以下では、各々のタイプの特徴をご説明した上で、このようなタイプでもどうすれば家を買うほうに進んでいけるのかを、僕なりにアドバイスできればと思います。

タイプ1 物事を目先の損得で考える

この目先の損得で考えるタイプは、物件の価格以外に、手数料や印紙代等さまざまな諸費用までかかってくることでウンザリしてしまうような方です。また、しばらく見ているうちに物件の相場自体が高くなってしまったり、建築費用などが少しでも予想以上に高くなろうものなら、「買うの、やーめた」となってしまうことも。

でもこんな方にこそ、これからお伝えすることを一度聞いてほしいのです。

建物がそれなりの価格になるには、それなりのメリットがあります。まずは**建物自体が頑丈**であること。それなりのお金をかけて造られた建物であれば、**内装や外壁はちょっとやそっとでは傷まず、災害にも耐える力がある**といえるでしょう。

もちろん、耐震性などには一定の基準があるため、どれだけ安い住宅でもその最低基準をクリアしていることが当然にはなるのですが、値段に応じたクオリティの差が出ることは実際にあります。

さらにいうと、ケースバイケースなのは前提の上なので慎重にお伝えしないといけないのですが、**分譲住宅は賃貸住宅よりも設備で質の高いものを使う傾向にもある**と思います。「分譲賃貸」というキャッチコピーが存在するように、元から賃貸の目的で造られた建物よりも、購入してもらうために造られた建物のほうが品質が良いことが多いのも確かだと思うからです。

建築するときにより多くのお金がかかった物件ほど、造りそのもののクオリティが高いことが多いです。毎日生活する家が、造りも使い勝手も吟味された家であるかどうか。これは、生活のクオリティに直結していくと僕は考えます。確かに購入の場合は、賃貸に比べると初期費用が高くなることも多いです。しかし、それらは後ほど紹介する諸費用ローンという方法で、安い金利で銀行から借り入れてしまうことも可能です。

目先だけで考えると割高に感じるかもしれませんが、高いは高いなりに**長期的に見ればメリットがたくさんある**のです。

タイプ2 頭で考えすぎて疑り深い

インターネットの普及で特に変わったことは、手軽に情報を検索できるようになったこと。ネットが一般的でなかった以前は、必要な情報は本を買うか、図書館で調べるか、役所に行って質問するかなどのアナログな方法しかありませんでした。

もちろんネット上の情報は玉石混交《ぎょくせきこんこう》で、古すぎて今は変わっていたり、最初から事実と反することが書かれていたりもするので、注意が必要です。とはいえ新しいことを調べるには、かなり恵まれた環境になったといえるでしょう。

ただそれが、情報過多という困った事態も引き起こしてしまいます。「家を買いたい！」と思うと、高額がゆえにいつも以上に熱心に調べるでしょうが、調べているうちに矛盾した情報に当たってしまうことも。**どの情報を信じていいか混乱**してしまいます。すると「この情報は大丈夫か??」と深掘りし…と、さらに時間を費やすことに。これが**決断を妨げる大きな原因**となります。

そんな人に対する**アドバイスは、「物事に完璧はない」**ということ。**どんな物件にも長

所と短所があります。 また、「Aさんには良くても、うちには当てはまらない」、そんなケースもあるでしょう。

その際**ポイントとなるのは、自分もしくはわが家は、何が一番大切なのかを決めておくこと。**「駅に近い」「浴室が広い」「緑が多い」「大型車が停められる」「嫌いな上司の家から遠い」など本当にどんな理由でもいいので、そこから選んでいくのです。

この重視ポイントを考える際のコツは、〝結論〟は出さないこと。

というのも、一つに絞ってしまうと選択の範囲が狭まってしまうからです。どんな物件があるか分からない状態では、重要ポイントは複数挙げておき、〝仮の〟優先順位をつけておくくらいの緩さがちょうどいいです。

それと物件を複数見ていくうちに、最初は「駅から徒歩5分以内」とこだわっていたのが、「この家、広くて快適！ 駅から徒歩15分だけど、まあいっか」とか、**実物を見るうちに優先順位も案外変わってくることも往々にしてある**からです。

そもそも、こんなことを言っては夢を壊すことになるかもしれないのですが、**そんなに物件を見ていない段階での理想の物件が、実際に住んでみての理想となるかどうかは、分**

からないところもあるのです。ご近所の環境や朝夕の交通事情など、住んでみて初めて分かることもあります。

あまりにも理想の住まいにこだわって厳選して購入したつもりでも、「ちょっと違ったかな」という場合も多々あります。なので、僕は、**ほどほどに理想に沿っている物件こそ、現実的に手に入れられる中ではイチオシ**ではないかなと考えています。

タイプ3 物事を長期で考えられず俯瞰できない

賃貸住宅なら、「気に入らなかったり困ったりしたら、引っ越せばよい」という気楽さがある。これもよく耳にします。一方で購入すると、なかなか身動きができなくなる恐怖がある。それも分かります。ただし、次のように考えることだってできます。

家を買うのは時間もお金もかかりますし、手間のかかる作業です。でもそれを乗り越えてきたこともあり、ご近所さんとは揉めたくないという気持ちは、賃貸住まいのときよりも強いはずです。同じことを考えているご近所さんだって多いでしょう。すると結果として、**お互いに迷惑を掛けないようにしようという気持ちが生まれやすい**のではないかと思います。結果として、**長く住めることにもつながる**でしょう。

また、災害時の備蓄を町内会が持っていたり、マンションの管理組合でコミュニティができていたりと、持ち家の場合は地域の支えも期待できます。災害大国ニッポンに住む以上、防災面のリスクも考えたいものです。

タイプ4 借りるより買うほうがすごく高いと思い込んでいる

僕が「『衣食住』の『住』の部分が自分のものになっているのは、すごく安心しますよ」とお伝えしても、「そんなの精神論じゃないか」と反論してこられる方も多いです。

精神論というか思い込みという点では、**頭から「自分は家なんて買えない」と思っていらっしゃる方がたくさんいます。**実際には、そんなに収入が多くなくても住宅ローンの審査は通ることが多いのに…。今の低金利を考えたら、賃貸で住むより買ったほうが月々のランニングコスト自体は安いことがほとんどです。

賃貸に住んでいる方が、「うちの家賃が仮に月々のローンの額だったら、いくらぐらいの物件が買えるだろう」とシミュレーションしたら、想像以上にいい物件に住めることが分かりました。このような話は時々聞きます。賃貸と並行して売買も探してみると「あれ？　買っちゃったほうが良い物件がある」と気付く方も、たくさんいらっしゃいます。「自分は賃貸じゃないと厳しい」という思い込みを外してみると、思いのほか選択肢が広がることは往々にしてあるのです。

実際に住宅ローンが組めるかどうかの診断方法も、次項でお伝えしたいと思いますので、ご期待ください。

先日マンションを購入されたお客さまは、月々のローンが約9万円だそうですが、同じエリアの同グレードのマンションが、月の賃料17万円で出ていたそうで、**「賃貸だと2倍近く毎月払うんじゃん…。しかも最後は自分のものにならないし。買って得した！」**と、口角がこめかみにつくぐらいにんまりされていました。資産になるとか、心の充足とかを考えなくても、住むことに費やすランニングコストは、圧倒的にマイホーム購入が勝つことはよくあります。

なぜこのような逆転とも思える現象が起こるのでしょうか。僕は現在の超低金利政策が関係していると考えています。

住宅ローンは変動金利になるとかなり低く、ａｕじぶん銀行「住宅ローン全期間引下げプラン」ですと０・３１９％（２０２３年5月2日現在）という果てしなくゼロに近い低金利です。

ちなみに、投資用物件の金利は３～４％もザラ。「金利が１％違うとベンツ１台分」とお伝えしましたが、その金利でお金を借りて、購入した物件を賃貸に出すわけですから、もちろん家賃はその分高くなります。

超低金利政策の現在、住まいは、借りるより買ったほうがお得なわけです。

たったの30分で分かる、あなたが今「住宅ローンを組めるか診断」

「マイホームを購入したいけれど、住宅ローンを組める自信がない…」。そんな方は、一度住宅ローンが組めるかシミュレーションしてみてはいかがでしょうか。

銀行などの金融機関の窓口を訪ねなくても、**ネット上で30分ほどで完結します。**ある程度信憑性のある結果が出るので、トライしてみると自信がつくかもしれません。

便宜的に〝シミュレーション〟とお伝えしましたが、実際には「事前審査」「仮審査」

など各金融機関で名称が違います（以下では「事前審査」の表記で話を進めます）。銀行などのホームページで、求められる情報の入力や、収入証明の情報を画像でアップするなどして、審査してもらいます。入力自体は30分ほどで完了する内容となっていて、それから3営業日ほどすると、結果がメールで届きます。

特に重要になるのが、「個人信用情報」。金融機関が共有している金融履歴が重視されます。これに傷があると、基本的に住宅ローンは通りません。「個人信用情報」とは、クレジットカードや各種ローンで過去にどのような取引をしたかの情報のこと。滞納などがあると〝傷がある〟と判断され、住宅ローン審査はほぼ通りません。

事前審査の入力で戸惑いがちなのが「物件情報」。金融機関によっては、「都道府県だけ（三井住友銀行、千葉銀行など。2023年2月現在）」や「未定でOK」のところもあるようですが、少数派のようです。純粋に、「自分はいくらくらいの住宅ローンが組めるのか」を確認したい場合は、**「仮にこの物件を買うとしたらどうか」と売りに出されている物件情報を拝借して審査に出すことも可能**です。

心情的に「ここを買うつもりはないのに、勧められたらどうしよう」と思うかもしれませんが、心配は無用。あくまで事前審査なのですから、一つの情報として活用させていただきましょう。

さて、「事前審査」でめでたく「住宅ローンが組めますよ」となった場合、最初に注意することは、浮き足だたないこと。つい、「この銀行で決めなくては」とか「話を進めなくては」と思うかもしれません。でも、そんな心配は不要です。

あと注意したいのは、事前審査がA銀行で通ったからといって、全ての銀行でOKとなるとは限らないということ。あくまで、「A銀行に関しては、仮定とした、例えば5000万円がほぼ借りられるだろう」というのにすぎません。**他の金融機関の場合は、結果が変わってしまう可能性もあります。**

それと事前審査は、本審査に比べて資料の提出が少なく設定されています。**事前審査の結果を過信しすぎないことが注意点**になります。

事前審査で住宅ローンをその金融機関で組むのが無理そうな場合は、金融機関を変えて再トライしましょう。同じメガバンク同士でも、OKになったり落ちたりするのはよくあることですから。各金融機関は審査基準の詳細を公開していないので、いくつかの金融機関でトライしてみましょう。

また、**個人事業主の方や会社の経営者の方で確定申告をされている方は、〝所得〟で審査されるので「節税しすぎないようにする」ことも重要**です。

例を挙げますと、個人事業主の方などは、売り上げが2000万円あっても1500万円が経費なら、所得は500万円です。

反対にサラリーマンの場合は、税金を引かれる前の一番高い金額で見られますので、思っている以上に年収が高かったりします。意外なことに、交通費や住宅手当も収入になります。

また、**個人事業主は、どの金融機関も2〜3期を審査の対象にします。サラリーマンだけは、1期分**で安心して「この収入がずっと続いていく」と見てくれるわけです。

天地がひっくり返っても、カード決済で滞納すると家は買えない

「事前審査」関連で出てきた〝個人信用情報〟。住宅ローン審査で最重要視される項目で

す。

金融機関は、自衛のために過去の金融履歴を共有しています。つまり、Aという金融機関で車のローンを組んだが滞納があると、Bという金融機関でもカードを新たに作成することはできなくなるなど、企業の垣根を越えて連携しているわけです。

これに滞納などの〝傷〟があると、基本的に住宅ローンは通りません。余談ですが、吉本の芸人の中には『グラップラー刃牙』の花山薫くらい傷だらけの方もいたりします。

「学生の頃など、遠い昔に滞納したかもしれない…」といったことがあって心配な場合は、ご自分で確認する方法もあります。**「本人開示手続」といって、信用情報機関に直接問い合わせができます。信用情報機関は3つあり、全国銀行個人信用情報センター（KSC）、株式会社日本信用情報機構（JICC）、株式会社シー・アイ・シー（CIC）です。**

「本人開示手続」は、郵送かインターネットで依頼でき、手数料は以下の通りです。

- 全国銀行個人信用情報センター（KSC）：1000円
- 株式会社日本信用情報機構（JICC）：1000円
- 株式会社シー・アイ・シー（CIC）：500円

「45歳の壁」「定年退職の壁」「転職の壁」

住宅ローンを利用する場合に、**ほとんどの金融機関が定める要件が「79歳完済」**です。35年の住宅ローンの商品を組めるのは、44歳まで。45歳で組もうと思うとその分年数が欠け、34年ローンになってしまいます。月々の支払いが増えてしまい、住宅ローンを組める総額がどんどん減っていきます。

中には、ネット銀行のソニー銀行のように「85歳までに完済」がOKの金融機関もあります。自分の属性に合う金融機関を探せば問題はありません。

一方、新入社員や若手社員といわれる20代に関しては、30代や40代の方に比べると、勤続年数は短いはずです。審査に勤続年数はありますが、**公務員や一部上場企業**などの社員の方は、新卒1年目でも住宅ローンOKのところもあります。

反対に45歳以上の方は、住宅ローンの完済条件の部分で、借入期間がどんどん短くなってしまいますが、**勤続年数**などがしっかりしていれば、あまり問題にされません。

60代の方などは、もう既に自宅があったり、資産があったり、住み替えになることも多く、借入金額も少ないはずです。ただし**収入が年金のみの場合は、住宅ローンを借りようと思うと審査が厳しくはなってきます。**

住宅ローンの審査は、ローンの月々の支払いが無理なく行える収入があるのかを見られます。毎月の給料がある**定年退職前に買ったほうがいい**でしょう。

また、若い世代も転職を考えているなら、**転職する前に**買いましょう。

以上から、60代以降でも新入社員でも、家は買えます。

購入に迷った場合は、必ず読んでください

また精神論の部分を出して恐縮ですが、マイホーム購入はほとんどの人にとって人生で一番大きい買い物になるはずです。何千万円という見たこともない金額を借金して、35年などでローンを組んで買う形になります。最初の決意が強ければ買うことができるし、しっかりと前に進んでいけます。

しかし多くの人にとってマイホーム購入は、初めての体験であるがゆえに尻込みして、ついつい「あと5軒見てから」「もっと良い物件があるかもしれない」と思って、決意を

先送りしてしまいがちです。

ここで一つアドバイスを。自分で「ちょっと良いかも?」と思った物件は、他の人も「いいな!」と思っています。ここで決められるかどうか。チャンスの前髪をつかめるのは、覚悟を決めている人だけだと僕は思います。

もう一つ大切なのは、**家庭内の決意というか、家族の合意というかが、同じ方向を見ているか。**このような気持ちの統一も大事かな、と思っています。

僕は、お子さんがいらっしゃる家庭に関しては、子どもに衣食住で迷惑を掛けないでおこうと思うのであれば、なおさら家を買うべきだと思っています。いざというときには、**子どもに資産として残せます。**

逆に、奥さんがあまり積極的ではない場合は「自分に万が一のことがあっても、家があればみんなが安心だから」とお伝えしましょう。住宅ローンを組めば**〝団信《だんしん》（団体信用生命保険）〟というとても強力な保険にも入ることができます。**このあたりは、第6章で詳しくお伝えしたいと考えています。

ご夫婦のどちらもある程度気に入られた物件でも、最後のところで意見が割れる場合があります。僕は両方のお気持ちを尊重したいので、「そうですよね、ご主人」「そうですよね、奥さん」とお二人のお話をそれぞれじっくりうかがいました。

最後は、「ご主人にとって100点ではないかもしれませんが、奥さんがおっしゃっていたこういう部分は含まれていると思うので、お二人の条件に合うこれ以上のものは、なかなかなくって」とお伝えすることで、成約していただくことが多いです。

100%理想通りの物件は、多分ないと思います。7割ほしい要素が備わっていたら、だいぶ優秀なほう。即買ったほうがよいでしょう。

実録「こうして私は家を買いました」
3人のストーリー

「家を買うぞ！」と決意して、住宅ローンの「事前審査」でだいたいの予算も把握した。あとは気に入った物件に出会うだけですが、この出会いの瞬間の「これだ！」という決意はどこから降りてくるものでしょうか。

そこで、最近お話をうかがったお客さまに、マイホーム購入を決めた瞬間を教えてもらいました。

築2年の物件に出会ったから決めた Aさん

- **30代男性、会社員**
- **家族構成は、妻と子ども1人**
- **3LDKマンション購入。決め手は〝築浅物件〟**

Aさんは「なるべく都心に住みたい」一方で、奥さんは「緑が多い郊外の広い家に住みたい」という条件の乖離がありました。結局は「緑が多いけれど、そこそこ都心に近い」東京都葛飾区の物件を購入されています。

何度目かの内見で築2年のマンションに出会い、すぐに決めました。品質はほとんど新築、価格は中古並みで理想的だったそうです。

築2年という築浅物件は、かなりラッキーな出会いです。街の雰囲気も気に入って、順調に繰り上げ返済に励んでいるのだとか。「購入する予定のだいたいの家庭内でのイメージを固めてから内見に行きましたので、スムーズに決まりました」とのこと。

Aさんは近隣の不動産相場もしっかり調査されて、「適正価格」の理解も的確。値下げ交渉もスムーズでした。今でも、趣味として「SUUMO」など不動産情報サイトはチェックしているそうです。

ヴィンテージマンションのおしゃれな雰囲気に決めた　Bさん

- **40代男性、会社員**
- **家族構成は、妻と猫**
- **3LDKのヴィンテージマンションを購入。決め手は〝内装デザイン〟**

Bさんはどちらかというと賃貸派で、〝身軽に暮らしたい〟派でした。賃貸住宅の更新の際に、ふと「今の家賃を住宅ローンにすると、いくらくらいの物件が買えるのか」とシミュレーションしてみて、「これならマイホーム購入もアリかもしれない」と考えを改めます。

奥さんも〝身軽に暮らしたい派〟でしたが、「マイホームなら、猫が飼える！」と内見することに。何軒か見ているうちにご夫婦でヴィンテージマンションを気に入り、購入を決意。ところが、希少物件なので、迷っているうちに最初の物件は別の方に決まってしまいます。

次にヴィンテージマンションが出た際には、素早く行動し入居の運びとなりました。でも住宅ローン減税の要件を満たさなかったりと、契約を進めるにあたって発見していった部分も多かったそうです。ただ物件にほれ込んだので、住宅ローン減税についても理解した上で購入を決意されました。

現在のお住まいは、もし飽きてしまっても希少価値が高いので、賃貸に出しても家賃も高めに設定できる可能性のある物件です。

40㎡のルーフバルコニー付きで、設計段階で決めた　Cさん

●30代女性、主婦（購入は30代会社員の夫と共有名義で）

●家族構成は、夫と子ども

●3LDKの新築戸建て購入。決め手は〝ルーフバルコニーと新築〟

最初に漠然と「マイホームを購入したい」と考えたこのご夫婦は、口コミや新聞広告などで内見するうちに、「中古住宅は状態がさまざま」「新興住宅地は、土地が心配」など、情報が入ってきて、知識が増えていきます。しかし情報が集まりすぎたことでかえって混乱し、3年ほど探してしまうことに。

そんなときに僕は出会ったのですが、ルーフバルコニー付きの新築物件があったので紹介してみました。それまではルーフバルコニーなんて考えていなかったそうですが、「場所は都心に近いのに、自宅で家庭菜園ができそうだしなんだか楽しそう！」と即決。

入居してみると、広いルーフバルコニーは、夏は子どものプールに、春夏は家庭菜園に

と活用したそうです。

このように三者三様で、購入の決意の瞬間があったわけです。家族でじっくり話し合う、内見して自分の好みに気付くなど、参考にしたいポイントがありました。

第4章

どんなに
お金に余裕がなくても
家は必ず買える！

年収1500万円の大手商社マンが住宅ローンに通らなかった理由

皆さまの大手商社マンのイメージは、どのようなタイプでしょうか。パリッとスーツを着こなし、外国人とも流ちょうな英語で大きな取引をクールに決める。そんなイメージでしょうか。

僕のお客さまで、国内5本の指に入るような大手の商社マンの方で、それこそ年収も1500万円超えの方がいらっしゃいました。「住宅ローン審査なんて楽勝」だと思っていましたら、まさかの審査落ち…。というのも、**個人のカードローンの借り入れ**があったみたいで、これが原因ではないかと推測しています。

カードローンの借り入れは、「月々の返済額」としてカウントされるので、銀行側からは「ローン返済額が収入の割に多すぎる」と見なされてしまったようです。

いわゆる**「返済比率」と呼ばれる、「年収に占める年間返済額の割合」が問題になった**わけです。「返済比率」は、銀行ごとに審査基準があります。

これは〝商社マンあるある〟らしいのですが、接待交際費や海外にも飛び回る交通費を個人のカードで立て替える場合があるようです。商社マンは仕事での出費の頻度も額も多いようですが、会社のほうでその都度航空券や飲食店の手配をせず、返済も細かくしていたら面倒なので一気にするのが日常だとか。

ご本人としては当たり前のようにしてきたことなので、このあたりはあまり意識していなかったかもしれませんが、住宅ローンの審査となった際に初めて引っかかってきたことになります。

カードローンは、住宅ローン審査では意外な落とし穴になるかもしれないと意識しておきたいものです。また、車のローンや携帯電話の機種代の分割払いも、住宅ローンの審査にはかかわってきてしまいます。

「ちょっとカードローンの借り入れが多いかもしれない」と心当たりのある方は、**住宅ローン審査の前に一括返済してしまうのも、有効な手段の一つ**です。

返済比率は現時点での金利で計算してはならない

住宅ローン審査でOKとなる「返済比率」は、どのくらいでしょうか。気になるところです。

僕の感触では、概ね30〜40％といったところでしょうか。

某メガバンクは年収400万円以下の場合は、年収に対して年間の返済額が30％以内で、400万〜600万円の年収の方は35％以内、年収が700万円以上ならば40％くらいまで容認するなど、**年収次第で返済比率も変わってくる**ようです。業界では、略して「返《へん》比《ぴ》」と言い慣《なら》わしたりします。

ただし返済比率だけで勘案して、「審査は通るはずだ」という思い込みは危険です。

変動金利の場合は、現在の0・5％などの金利で返済比率の計算はされず、**銀行側は金利上昇に備えて、年利3〜4％程度を前提に審査する場合が多い**ようです（超長期金利を審査金利としているケースもあり、その場合は2％前後）。

もし3％を前提とするのならば、住宅ローン金利が3％となった場合に、「返済比率」が35％などを下回っているかで審査する、という意味です。金利が多めに計算されたら、

「返済比率」も高まります。

3％では「返済比率」が超過する場合は、「個別で判断」という談話を銀行の担当者から聞いたことがあります。

住宅ローン審査では、カードローンの借り入れなどがあっても、携帯電話の機種代など月々の支払いを利用していても、住宅ローン返済額をプラスした合計での「返済比率」が基準を下回っていればＯＫということです。

例えば年収１０００万円の方は、年間の返済額が４００万円以内に収まれば、返済比率の審査はＯＫになります。

一般家庭の方は、車をローンで購入していたり、携帯電話の機種代を月々の支払いで購入していたりなど、多かれ少なかれ何かの借り入れがあるケースが多いと思います。住宅ローン審査の前には、できる限り借入残高を減らすのが賢明です。

また、これをチャンスととらえて、自分の資産の見直しをしてみてはいかがでしょうか。自分で意識していない借金というか、自分が今どの程度の金額を借りていて、金融機関はどの程度返せると見てくれるか、客観的に整理する良い機会です。

独身女性だって もちろん家は買える

令和3年の15~64歳の女性の就業率は71・3%(出典:内閣府男女共同参画白書 令和4年版)で、女性が働くことは当たり前になってきました。

ところが、僕が担当した独身女性で、マイホームを購入する人はほとんどいませんでした。そこで、女性の方もしっかりと年収があって、ご自分が居住し、勤続年数などの要件を満たせば、「普通に家は買えます」とお伝えしたいと思いました。

少し偏見の入った先入観で「独身女性は住宅ローンに通りづらいんでしょ?」と思っている方が一定数いらっしゃいます。僕は、「そんなことはありません!」と声を大にして言いたいです。

全部が全部、男女を同じに審査できるかというと、難しい部分もあるかもしれません。ところが、最近はどの業種もしっかりとコンプライアンス順守が求められますから、男女差別は聞いたことがありません。独身女性もご自分の返済能力を評価してもらって、住宅ローンを勝ち取りましょう。

「家は、自分好みにしたい」という女性の方。家の、特に内装は女性のほうが、こだわりが強い方が多い印象です。結婚後であればご夫婦で住宅をチョイスすることになり、どうしても意見が割れることがあるとお伝えしました。

そこで、**女性はシングルのうちに家を買って、好みの内装なりに仕上げてしまう**という方法もあります。これは、家庭内平和のためにも堅実な解決策だと思います。

また独身女性でも、**家族が増えるのに備えて3LDKなどの広めの家を買ってしまう**のも、選択肢として正解だと考えます。というのも、3LDKなら需要が大きいので売る際に売りやすいからです。一人で伸び伸びと住み続けてもいいですし、結婚して旦那さんが同居し、家族が増えても十分に対応可能です。

この本の執筆のために統計に当たっていると、意外な発見をしました。

総務省全国消費実態調査（平成11・16・21・26年）によると、単身世帯（一人暮らし世帯）の持ち家率は、いずれの年も**男性より女性のほうが高くなっています。**平成26年では、男性の50・3％に対し女性は69・0％もあります。実は女性の持ち家率はなかなか高いようです。

現在は超低金利政策で、マイホーム購入には最適な時期です。女性の皆さまも、一度検討してみてはいかがでしょうか。インテリアに凝るなど、楽しみの幅が広がるかもしれません。

フリーターにだって家は買える

有川浩さんの小説『フリーター、家を買う。』を原作にした同名のドラマで、二宮和也さんが主演を務めていました。アルバイトのフリーターが家族のために高額なマイホーム購入に奮闘する意外性とポジティブな展開で、視聴率もよかったようです。

「所詮《しょせん》小説の話でしょ？」と思われるかもしれません。ところが、住宅ローン審査が通りづらいのは事実ですが、不可能ではありません。

しっかりした収入があり、ある程度の年数働き続けている実績と勤務先の属性によっては、住宅ローンが組める場合があります。一つずつ説明していきましょう。

年収については、先述の**「返済比率」が物件に対して適正であれば、問題にはなりませ**

ん。住宅ローン審査でも、このあたりをチェックしてくると思います。

勤務先の属性としては、一部上場企業は有望です。近所のイオンスーパーでアルバイトしていて、既に勤続5年とか。コンビニはフランチャイズですと、お店のオーナーの会社で働いている形になりますので、一概には言えませんが。

ポイントは、しっかり源泉徴収票がもらえているかどうか。大手スーパーなどは、週に20時間以上勤務で社会保険の加入義務がありますから、社会保険に加入して保険料を支払っていることも源泉徴収票で示すことができます。

難しいケースは、いわゆる接客業で、源泉徴収票がもらえない勤め先の場合。夜のお仕事などは会社がしっかり税務処理をしていないことも多いそうで、厳しいかもしれません。

「フリーターでも住宅ローン審査に通る裏技は？」とよく聞かれます。

正攻法をお伝えすれば、頭金をしっかり用意すること。借入金額も、普通のサラリーマンの返済比率のぎりぎりの部分ではなく、年収に対して返済比率20％以下とか、無理なく返済できる金額に抑えること。

住宅ローンとしては、「フラット35」であれば、頭金を1割以上入れれば、フリーターでも審査に通る可能性が高くなると思います。

フリーターと混同されがちなフリーランスについては、次項でご説明しましょう。

フリーランスは節税をしすぎると通りにくくなる

最近、フリーランスという言葉を耳にする機会が増えました。フリーランスとは、特定の企業や団体に所属せずに働く、いわゆる個人事業主のことを指します。ちなみに吉本興業の芸人は、そのほとんどがフリーランスになります。

住宅ローンについては、フリーランスのほうがフリーターより、収入にもよりますが、借りやすいのが現状です。

フリーターはフリーアルバイターの略で、アルバイトを主な収入源とする方々です。

一方でフリーランスは、専門分野を持った働き方で、いわば自営業。個人で事業をして、収入を得ているといえるでしょう。また最近は政府の副業推奨もあり、フリーランスの社会的信用がぐっと伸びてきているという感覚もあります。

具体的には、住宅ローン審査で**確定申告を2期分もしくは3期分チェックされます。**法人にこそしていないけれども、**定期的に収入が入ってくる事業を営み、収入が安定していることを示せればよい**わけです。

ここで注意点があります。個人事業主であれば、なるべく節税しようと努力されている方が多いと思いますが、住宅ローン審査では所得で審査するので、**行きすぎた節税は不利**になります。

つまりは、課税対象になる額が多いほどローンが通りやすくなります。「税金をたくさん払っている人を、銀行は信用する」ともいえます。

また、できれば**開業届は出しておきましょう。**開業届を添付書類として住宅ローンの審査のときに出すと、一つ下駄を履かせてもらえる感覚があります。公的書類ですから、支えとなるのかと推測しています。

貯金が0円でも家が買える「諸費用ローン」という裏技

初めてマイホーム購入する方が驚かれることに、「諸費用」があります。これは**物件価**

格の6～8%ほどかかります。諸費用は、不動産の実際の物件の価格以外にかかる諸々の費用のこと。主に以下の通りです。

- 登記費用
- 仲介手数料
- 印紙代
- 住宅ローンの保証料
- 火災保険料
- 固定資産税および都市計画税の精算金
- マンションの場合は管理費や修繕積立金の精算金

基本的に、諸費用は自己資金で賄うのが大前提です。諸費用の分の貯金は準備しましょう。

とはいえ、もし5000万円の物件を選んだとすると、諸費用の8%は400万円。かなり高額になってしまいます。超低金利の今、貯金が貯まるのを待つより、お金は借りてでも住宅ローンを組むほうがいいでしょう。

そこで、「諸費用ローン」の登場です。基本的に住宅ローンは、物件そのものを購入するために貸すローンです。諸費用は住宅ローンでは賄えません。**「うちの銀行だったら諸費用分もお貸ししますよ」というのが諸費用ローン**となります。

このローンを利用すれば、貯金がゼロでも家が買えるわけです。

また、「手付金」がほとんどの不動産の売買契約において生じます。手付金を支払うことは、「この物件はキープしておきますよ」「お願いします」という意味があり、不動産は高額な取引のため、口約束だけでは信用しきれないためです。

手付金は大手の不動産会社では、不動産価格の5％以上を求められるケースがほとんど。とはいえ手付金は、物件価格の一部を先払いするだけなので、諸費用とは全然意味が違います。

こちらも現金で支払うのが一般的です。貯金がない方は、このハードルが意外と高かったりします。

手付金は、法律で○％と決まっているわけではなく、売主と買主で相談することも可能です。現金の準備はしながらも、**手付金の金額に足りそうもない場合は、営業担当に相談してみましょう。**

家を買うなら、目標貯金額は？

家を買うにあたって、現金の貯金は多ければ多いほど望ましいといわれています。しかし先ほどもお伝えした通り、今の時代の超低金利を活かすなら、貯金が貯まるのを待つより、ローンで借り入れてでも家を買ってしまうほうが、僕は正解だと思っています。

その上で理想をいえば、不動産の購入に関しての諸費用は8％あれば問題ありません。プラスして、家具を新調したり、引っ越し費用等を考えると、**購入価格の1割を目標にしたい**ものです。

住宅ローンの頭金は、できれば「1割ぐらい用意できます」と金融機関に伝えれば、住宅ローン審査が通りやすくなったり、金利が安くなったりします。

貯金の目標としては、物件価格が5000万円だとすると、住宅ローンが通りやすい頭金1割で500万円。諸費用プラス家具や引っ越し費用が500万円。合わせて1000万円貯められたら理想的です。

ただしこれはあくまで理想論で、頭金1割入れて諸費用も全部現金で賄うご家庭は、か

なり少数派です。

頭金もなしにして住宅ローンを「フルローン」にし、諸費用も「諸費用ローン」を使えば1000万円貯めなくても、それぞれローンで賄えます。

住宅ローンの審査基準とは？

住宅ローンの審査はどんな基準があるのか、気になるところです。

国土交通省住宅局が令和5年3月に「令和4年度民間住宅ローンの実態に関する調査結果報告書」を出しています。金融機関が融資でチェックしている上位の審査項目は、以下の通りです。

- 完済時年齢　98・7％
- 健康状態　97・9％
- 借入時年齢　97・2％
- 担保評価　96・1％

- 勤続年数　93・2％
- 連帯保証　93・1％
- 返済負担率　93・0％
- 年収　92・9％

ちなみに、この調査では、審査に通らない理由という、聞きにくいことも調べてくれています。主に、返済比率が高すぎる、個人信用情報に延滞履歴がある、年収などの申告内容に虚偽がある場合に審査に通らないようです。

住宅ローン審査にも、金融機関や商品によって審査に通りやすかったり難しかったりします。過去にはスルガ銀行の審査基準が緩く、通りやすいと有名でした。ただしその一方で金利が高いといわれ、にわか不動産投資家を大量生産して指導を受けていました。

現在では「フラット35」が、審査が通りやすい住宅ローン商品といわれています。

もともとは住宅金融公庫という国運営の住宅ローンを取り扱っていた機関が、現在は独立行政法人住宅金融支援機構となり、フラット35の母体となっています。住宅金融支援機構は原則、個人への直接融資は行っていません。

フラット35の商品をさまざまな金融機関が扱うスタイルです。審査は住宅金融支援機構が行います。

フラット35は、頭金を融資金額の1割入れるという要件がありますが、フリーランスや自営業の方々にも優しくて審査も比較的に利用者の目線に立ってくれます。この1割の頭金も、フラット35を斡旋《あっせん》している業者などが融資する商品を扱っていて、金利は高くなりますが借りられるようになっています。

フラット35をザックリご紹介しますと、以下の通りです。

- 申込年齢：申込時の年齢が満70歳未満の方
- 借入期間：15年以上35年以内
- 借入額：100万円以上8000万円以下
- 借入金利：全期間固定金利（資金受取時に決定）
- 対象となる住宅の面積：一戸建てなどは70㎡以上、マンションなどは30㎡以上
- 保証料・繰上返済手数料：不要
- 団体信用生命保険：新機構団信・新3大疾病付機構団信あり
- 火災保険：加入必須

住宅ローンの選択肢としては、固定金利なら、まず「フラット35」を検討してみる方が多いようです。変動金利の魅力が捨てがたい場合は、この限りではありませんが。

「個信」が理由で住宅ローンに通らないなら、待ってみる

「個信《こしん》」とは、個人信用情報の略で、その人の過去の金融履歴が載っているデータベースです。金融機関はローンやクレジットカードの申し込みがあった際はこのデータを照会し、過去の金融事故がないかを確認します。金融事故とは、61日以上の遅延や自己破産、債務整理、強制解約などのこと。金融事故があると、住宅ローンはその時点でダメだと認識してください。

ただ、この金融事故記録、一生そのままかというと、待てば消えるようです。**支払いが遅れた分を完済して、およそ7年待てば事故記録が問題にならないレベルに回復することが多い**様子。心配な方は、個人信用情報の取り扱い先で確認しましょう。取り扱い先はp116でご紹介したKSC、JICC、CICとなります。

以前のことですが、一度の遅延に7年のペナルティとはあまりにも厳しい気がして、銀行の担当者とお話しした際にうかがってみたところ、「逆に世良さん、1回でも借金の返済を、『絶対この日までに返します』って言って返さない人に、35年の期間で何千万円も貸すという契約ができます？」と言われて、僕はもう何も言えませんでした。

僕たちにできることは、日常のカード等の支払いの期日をしっかり守ることです。

買わずに後悔するくらいなら、買って違ったら売るか貸せばいい

家族みんなが気に入って買った家も、住んでみたら実は気に入らない点が出てきたり、思っていたよりも住み心地がよくないなと感じたり、住んでみないと分からないことは意外に多いものです。家そのもの以外にも、近隣とのトラブル、子どもが生まれるなど家庭状況の変化などで、希望に合わなくなることもあるかもしれません。

「これくらいはガマンしなければ」と耐え続ける方が多いと思いますが、ずっと悩んだりするのであれば、いっそのこと売るか貸すかを本気で考えたほうがいいでしょう。以下で、

売ったり貸したりする際に知っておきたいことをお伝えしますね。

家を売る場合は抱え込み、高値を期待させる人に要注意

一般的には家は、不動産の売買仲介業者に連絡をすれば簡単に売れます。中古住宅を買われたのであれば、そのときにお世話になった仲介業者でももちろんＯＫです。新築を買って、当時の担当がまだその会社に在籍していれば、「売り担当の方を紹介してくれませんか」と聞くこともできます。

不動産会社の規模は大手にしたほうが、結局は支店や営業担当次第になりますが、リスクは低く抑えられることが多いかと思います。小規模ですと何かトラブルが発生した場合に、対処できないケースがあったりしますので。不動産の売買は扱う金額が結構大きいため、大手のほうが安心ではあると思います。

リスクを最も小さくできるのは、買い取り業者に売ってしまう方法です。ただし、金額は安くなってしまうケースが多いです。

大手の仲介業者でも、支店や担当によっては**「抱え込み」**のようなことをしてしまうこ

とはあります。抱え込みとは、他の不動産会社のお客さまに物件を紹介しない状態のことです。もし他の会社のお客さまがその物件を買われた場合は、成約に伴っての利益を他の会社にも分担されてしまうので、自社で物件を抱え込んでしまうのです。抱え込みをされると、物件が適正な価格で売れる可能性が減りますので、避けたいところです。

対策としては、まずは信用できる不動産会社や営業担当を見つけること。知り合いがいる方は、一度話を聞いてみることを勧めます。

業者によっては自社で預かりたいがゆえに、本来4000万円くらいでしか売れないのに「5000万円で売れそうな気がするんです」と言って預かり、「やっぱり売れませんでした。価格を下げましょう」と言い出し、結局は3500万円で懇意にしている買い取り業者に売る、なんてことをしたりします。

家を売る際の3種の契約。各々のメリットとデメリットは？

物件を売る際には、不動産業者と媒介《ばいかい》契約という契約を結びます。その業者を介して、物件の販売をするというような契約です。媒介契約は以下の3種類から選びます。

- **専属専任媒介契約：不動産の売却を1社のみに依頼。自分が買主を見つけても、その不動産業者を通して契約しなければならない**
- **専任媒介契約：不動産の売却を1社のみに依頼。ただし、自分で見つけてきた買主とは契約できる**
- **一般媒介契約：複数の不動産会社に売却を依頼**

信用できる業者がいる場合は、僕は専属専任媒介契約をお勧めしています。ただ、抱え込みが横行するのはこの専属専任媒介契約なのが現状です。もし契約した1社が信用できないなと思ったら、他の会社に切り替えるか、一般媒介契約にして2～3社程度に競争して販売してもらうのがいいでしょう。なお媒介契約の期間は、専属専任と専任は3ヶ月が上限、一般は自由となっています。

メリットでいうと、**専属専任媒介契約は広告費をかけてもらいやすい**です。

一方で、一般媒介契約の物件にたくさんの広告費をかけるのはリスクもともなうため、通常はそこまでしてくれません。というのは、いくら自社で何十万円と広告費をかけても、ぽろっと他社に来たお客さまが買ったら、成功報酬が自社には1円も入ってこないからです。

業者を決める方法ですが、まずは**3社ぐらいで見積もりを取るのがいいと思います。金額も大事ですが、営業担当が信頼できそうなのかもしっかり見定めましょう。**

抱え込みを抑えるための対策は実はなされていて、宅地建物取引業法（宅建業法）上で不動産会社は専任の媒介契約を結んでから5営業日以内に、「レインズ」という不動産会社同士で閲覧できるデータベースに物件を登録しないといけない決まりになっています。ただそのような対策がなされている中でも、現地の内覧ができないなどという嘘をついて、抱え込みを行う業者や営業担当が実際に存在します。本当に悲しい現実です。

定期借家で貸せば立ち退きがスムーズ

次に物件を貸す際ですが、不動産の賃貸の管理会社に連絡をして、賃料などの話をしていく流れになります。

その際、僕は**「定期借家《しゃっか》」でお貸しするのがベスト**だと思っています。

定期借家とは、家を貸す賃貸借契約の一種で、例えば2年といった期限を定め、その期間を終えると更新されずに、一旦そこで賃貸借契約は終了するという契約になります。引き続き入居者が住み続ける場合は、更新ではなく再契約という形を取るのが、この定期借家契約の特徴です。

賃貸借契約には通常の「普通借家」もありますが、一旦契約を止めて中を空にしたいときに困る場合があります。「借主からは1ヶ月以内に告知、貸主からは6ヶ月以内に告知することで、解約をすることができる」と明文化されているケースがほとんどですが、貸主都合で実際に退去してもらうのは結構大変だからです。

借地借家法という家や土地の賃貸借に関する法律があるのですが、家を借りている人や土地を借りている人を、ものすごく手厚く保護する法律になっています。住居は衣食住にかかわる部分であり、簡単に立ち退きができると入居者が路頭に迷ってしまうケースがあるため、このような法律が存在しています。

裁判を起こせば立ち退いてもらえるのでは？と思うかもしれませんが、実際はなかなか勝てないのです。

そこで「定期借家」という形の契約方法にして期限を定めておけば、立ち退きしてほしい際には、ものすごくラクになります。2年後にやっぱり自分が住みたいとか、売りたいとなった場合も、困ることはありません。

一方、借りる側からしたら定期借家よりも普通借家のほうがメリットはあります。「2年後に再契約しない」といったリスクを飲み込んだ上で入居しなくちゃいけない、ということにはならないからです。そのため、**普通借家のほうが借主が見つかりやすい**のは否めません。ただそれでも入居者が退去しないというリスクと比較すれば、定期借家での入居者募集をお勧めします。

もしローン返済が厳しくなったら

急にリストラに遭うなどして経済状況が変わった場合は、住み続けたいのであれば売ることを考える前に、住宅ローンの返済計画を再検討すべきです。

初めての経験で、つい思考停止になりがちとは思いますが、住宅ローンの返済に不安ができたら、まずはローンを組んだ金融機関の担当者に相談してください。担当者にとっては大事なお客さまでもあるので、親身に相談にのってくれるはずです。

最終的な判断はその金融機関次第ですが、金利の見直し、リスケジュールという返済のペースの変更といった対策を考えてくれるでしょう。

万が一売ることになった場合も、不動産業者を斡旋してもらえます。

芸能人、スポーツ選手の物件購入事情

自分が実際に芸人やアイドルといった芸能人の物件購入に携わって思うのは、住宅ローンが本当に組みにくいということ。毎回ハラハラします。

これは伝聞ですが、スポーツ選手も住宅ローンがなかなか借りられない様子。年俸がかなり高い選手でも、「何年続けられるかは分からないから」と思われるようです。

芸能人に関しても、ローンを組まずして買えたりするくらいに稼がれていると、節税なども勘案してマイホームを買おうとしない方が多い傾向にあります。

吉本興業の中でいうと、「テレビで観ない日はないような、トップスターの方々」よりも、舞台で堅実に活動されている中堅ぐらいの芸歴の芸人のほうが、住宅ローンをしっか

り組んで家を買っていらっしゃいます。毎年確定申告をしっかり提出し、もちろん税金も払っている実績がある方々です。

とはいえ、そんな方々でも住宅ローン審査は難儀されていることが多いです。芸人ってめちゃくちゃ社会的信用がないんだなって、ご本人も僕も、ショックを受けるときがあります。

そこでくじけずに、「一生芸人を続けていくんだ！」という人ほど、住宅ローンを組んで家を買っています。特に不安定な業界だからこそ、一つの資産形成としてマイホームを購入されているようです。

一方で、芸能界の楽屋の噂話では、投資が好きな人や儲け話などが好きな人の購入率も高いそうです。

一般の方に参考になりそうな「住宅ローン審査が通りづらい対策」の堅実な例をご紹介します。芸人で多いのが、**まずは審査が優しい金融機関でローンを組んで、数年間ちゃんと返済し確定申告をして実績を作るという方法。その後、金利が低いなどで自分がローンを組みたかった金融機関に借り換える**わけです。

既に住宅ローンを返済した実績があるので、審査に通りやすくなります。先輩方の堅実な作戦に、頭が下がる思いです。

今なら、**「フラット35」が最初の実績づくりにピッタリ。**借入額の上限が8000万円になりますが、それくらい高額な物件を買われる方は、他のローンでも審査に通るくらいの稼ぎはあるでしょうから、そこはあまり心配しなくていいです。

また、「団信」の健康診断で落ちる方が結構いらっしゃいます。芸人という職業はとにかく不摂生な人間が多いんです。肝臓の数値などが、たまに『ドラゴンボール』のフリーザの戦闘力くらいずば抜けて高かったりします。検査を受けたら数値が悪く、振り出しに戻った方もいらっしゃいました。最後は、地道な健康談話となりました。

結局は年収を増やすのが最も良い

住宅ローンの審査基準のところでもお伝えしましたが、金融機関が注目する一番の要素は年収です。収入がいくらあるかで、その家の住宅ローンの返済が可能かどうか審査されます。**年収を増やしさえすれば、基本的には住宅ローンの借りられる額は多くなります。**

これも先述の通りですが、フリーランスや自営業の方の注意点は、**節税をしすぎないこ**

と。税金が増えてしまいますが、住宅ローン審査に備える2〜3期だけでいいので、そこはガマンしたほうがいいでしょう。

サラリーマンも収入が高いほうが望ましいですが、**住宅ローン減税は年間の所得が2000万円未満の方までが利用できる制度**であることに注意してください。

また、給与所得者の方は、交通費や住宅手当といった各種手当も全部含めた、源泉徴収票でいうところの一番大きな金額をもとに、審査してもらえます。その結果、自分の感覚で思っている年収よりも、100万円や150万円多かったりするケースがあります。住宅ローンの事前審査の際は、しっかり源泉徴収票を手元にスタンバイさせて、各項目を入力したいものです。

似て非なる「ペアローン」と「収入合算」という裏技

住宅ローン審査のために年収を増やす方法で、裏技的なのが「ペアローン」です。一部の報道では、20代の方の2割ぐらいはペアローンで住宅ローンを組むというデータが出ていました。購入したい物件が高額な場合は、夫婦の借入可能額を合算できるペアローンは有効かもしれません。

ペアローンというのは夫婦各々が、別個で金融機関と住宅ローンの契約を交わすもの。ご主人は3000万円まで借りて、奥さんは2000万円借りて、夫婦で合計して5000万円まで借りられるというものです。

ペアローンと似て非なるものとしては、「収入合算」という方法があります。ご主人の年収が700万円、奥さんの年収が400万円、合計して1100万円の年収として審査しましょう、というものになります。

不動産の所有者も変わり、ペアローンの場合は夫婦共有名義ですが、収入合算の場合は主債務者の単独名義になります。

団信も変わります。ペアローンなら夫婦それぞれがローンを組むため二人とも加入できますが、収入合算の場合は主債務者一人だけしか加入できません。

このペアローンや収入合算ですが、もし離婚する際にどうなるのかという危惧はあります。仮にご主人単独名義でマイホームを購入しても、共有財産という見方はされるので、離婚する際の財産分与はそのときに協議することになるでしょう。

一時期、年間の結婚する夫婦数に対して、離婚する夫婦数が3分の1に迫るような記事が出回りましたが、多くの既に結婚しているご夫婦の中からの離婚数を今年の結婚数と比べるのは、無理があると思います。国際的に見ても、日本の離婚率はかなり低いほうです。「離婚したらどうしよう…」と考えすぎず、安心して（？）ペアローンを組まれたらよいと思います。

シンプルながら効果抜群。頭金を増やすという発想

頭金を多く積むことも、住宅ローン審査に通りやすくする方法です。単純に借入額が頭金の分、減るからです。また、**頭金の金額によって、金利が安くなる**金融機関もあったりします。**「フラット35」もこれに該当**し、頭金のパーセンテージで金利が下がっていく商品が選べたりします。これは大きなメリットです。

一言で「頭金を増やしましょう」と軽く言いましたが、堅実な貯金をしているだけでは、目標額に到達するのには限界があります。

そこで、裏技的ですが、**「ご親族から贈与をもらったらどうですか」**と提案したいと思

います。お父さん、お母さん、祖父母さまといった家族を巻き込むのですが。

実際の不動産売買の現場でも、親族からの贈与はよくあります。お盆やお正月に親族が集まった際に「家を買います宣言」をすると、なぜかいつもは無口なお父さんがいくらか出してくれるとか、奥さんのお父さんがとか、ご主人のお母さんがとか、次々に嬉しい提案が出てくることがあります。コロナ禍でなかなか会えなかったご親戚の皆さまから「マイホーム購入あるある」を聞かされ、盛りあがることもあるでしょう。

ここで忘れてならないのは、普段から「お子さんのマイホーム購入の際は援助しよう」と考えてくれていたのだな、と大いに感謝することです。

また、本来、贈与をしようと思うと、1年に110万円を超えた金額については贈与税がかかります。ところが、政府による世代間の金融資産の移動と不動産取得奨励で、**マイホーム購入のための資金援助は、贈与税に関しての特例があります。**

減税の項でお伝えしました「住宅取得等資金に係る贈与税の非課税措置」では、父母、祖父母などの直系尊属からのマイホーム購入に際しての贈与は、省エネ等住宅の場合には1000万円まで、それ以外の住宅の場合には500万円まで非課税となります（令和4年度税制改正後）。この非課税措置は度々変更がありますので、使おうと思ったら最新版をチェックしましょう。

第5章

絶対に損をしないための不動産購入術

いくら現金があったとしても住宅ローンを組むべき理由

平時であれば、住宅ローンは借金の一種ですから、なるべく少ない金額に抑えることが正解だと思います。金利や手数料がかかりますし。

ところが現在は、歴史的な**超低金利時代**。また、**住宅ローン減税**を使えば、一部の額が返ってくる仕組みが作られています。

また、住宅ローンを組むと、有利な保険商品といわれている**〝団信〟**に加入できます。現在は3大疾病などの特約が付いたりして、万が一の備えも充実しています。

今この恩恵を活かさない手はないと考えます。この金利で一般人が大金を借りられる機会は、他にないと思います。

2023年現在、住宅ローン減税の対象期間は13年です。住宅ローン減税の金額は、ローンの残高に対して計算されるので、**繰り上げ返済を計画されている方も、少しばかりこの期間はペースを落とし、住宅ローン減税の恩恵をフルに受けるべき**でしょう。資金に余裕があって繰り上げ返済ができるようであれば、住宅ローン減税の対象期間後にまとめて返すという手もあります。
このあたりの詳しい損得勘定は、できることならファイナンシャルプランナーなど専門の方に相談して、概算を教えてもらうのがベスト。不動産取引や、住宅ローンを得意とする方がお勧めです。

それと、ローンをあまり組まず手持ちの現金をマイホーム購入にたくさん費やしてしまうと、**万が一の際の備えが心もとない状態**になります。日本は災害大国です。心の準備とともに、資金の備えも忘れたくないものです。
また、歴史的低金利といいながらも、株式投資の配当で3％のリターンを得ることは難しくない状態です。マイホームの頭金に全てを費やしてしまうと、投資して儲けるという手段がなくなってしまいます。

僕は某世界的大手証券会社の部長職ぐらいの方に物件を購入していただいたことがありますが、年収は1億円を超えていらっしゃいました。源泉徴収票で億の桁を見るのがそのとき初めてで、確認するときに、「一、十、百、千、万、十万、百万、千万、一億…、イ、イチオク⁉」ってなりました。

その方は海外にも不動産を持っていらっしゃるほどの資産家ですが、「住宅ローンを組みたい。年収要件で住宅ローン減税は使えないけれど、銀行がお金を貸してくれるんだから、ここは借りて物件を買うべき」とお話しされました。

僕はそのとき初めて、資産家のお金の使い方の感覚を知ったわけです。手持ちの現金は投資用にして、儲けていらっしゃるのだと思います。

仲介手数料を交渉しようとすると、最終的に損をする

不動産の仲介手数料は、宅建業法によって「上限が定められている」という他業種ではあまり見ないスタイルです。仲介手数料の上限を求める計算式は、物件の取引価格によってP161の図5の通りとなります。

この仕組みを利用して手数料の減額を煽《あお》るようなネット記事に影響されたのか、最近は家の内見に来て、いきなり「手数料はいくら引いてくれるの？」とおっしゃるお客さまに辟易《へきえき》しています。

最初にお知らせしたいことは、仲介手数料は不動産仲介業社にとって「成功報酬」なのです。もちろん、上限が定められているだけなのは事実で、両者の合意さえあれば割引もできます。なんならゼロにもできますが、僕たちは生業《なりわい》としてやっている以上、ゼロにはできないケースがほとんどです。

この項の見出しにあるように僕が皆さまに「損しますよ」と言い切る理由としては、**不動産仲介業者は実際に物件を買おうとしている〝皆さまの一番の味方〟**だからです。一番の味方へ払うギャラを値切っていては、やる気が起こるわけがありません。

僕たちは、経験の浅い深いはあるものの、不動産売買の資格を持ったプロです。その

図5　物件価格と仲介手数料の上限との関係

物件価格（税抜）	仲介手数料の上限
200万円以下	物件価格（税抜）×５％＋消費税
200万超～400万円	物件価格（税抜）×４％＋２万円＋消費税
400万円超	物件価格（税抜）×３％＋６万円＋消費税

〝味方〟が、あなたの代わりに売主との交渉の場に臨みます。

交渉は、利害関係が相反しています。こっちは安く買いたいし、向こうは高く売りたい。不動産仲介業者は、この人に家を買ってもらいたい、良い形で納得して買ってもらいたいと願うチームメイトです。

交渉や手続きの結果の成功報酬として、お礼として支払う金額が仲介手数料なのです。何となく、「値引きをお願いするのは、よくないかもしれない」という空気を分かっていただけたでしょうか。


ネット記事などに影響を受けて、内見などの最初の段階で「仲介手数料、割り引いてくれますか？」とか、「割引前提でお願いします」みたいな話をされると、かなり戸惑います。仲介手数料を受領する不動産業者側からの感情の話で言うと、「頑張ってはほしいけれど、頑張っても成功報酬はあまりあげません」と最初に言われているように感じます。これでは、昔の吉本興業です（今はいい会社になりましたけど！）。

ご本人は深く意味を考えずに発言されているのかもしれませんが、ご自分のチームの一番の味方を攻撃する前に、まずは一緒にチームとして動くことが必要だと思います。

以上から、**仲介手数料の交渉は、しないほうがよい**というのが、僕の持論です。手数料の値引きとは逆に「仲介手数料はしっかり満額払うから、その分一生懸命頑張ってね。頑張ってくれたら、他の人にも紹介するからね」とか、「家、売りたい人がいるから紹介するよ」などなど、**話でうまく不動産業者を乗せて、一緒のチームとして頑張っていきましょう。**やる気に満ちあふれた不動産業者が交渉に挑んでもらえれば、物件価格を頑張って値引きしてもらえることだって多々あります。**結果的に仲介手数料の金額より、金額的に得をするケースが多い**ようです。

少し心情を吐露《とろ》させていただきましたが、ここからは不動産仲介の怖い話をします。不動産仲介業者は、引き渡しまでさまざまな部分の舵取りをします。物件の紹介から、実際に契約する際の条件面の交渉、登記をする司法書士の斡旋、測量士の紹介、さまざまな諸費用が発生した場合の金額調整、銀行のローンの調整や確認を行うのも不動産業者だったりします。

これだけさまざまな場面に絡んでいると、不動産業者はやろうと思えばいくらでも悪いことができます。一例を挙げると、登記費用は本来30万円なのに40万円の見積もりを出させて、差額の10万円を袖の下に…なんてことも可能です（もちろん犯罪です）。

逆に、「こんないいお客さまに、こんな悪いことしたらアカンな」って思わせるぐらいのほうが、気付かないうちに損をする事態は避けられるかと思います。

2LDKばかり売れ残って3LDKがものすごく売れる理由

コロナ禍で間仕切りを付けられる部屋が人気になりました。少子化といわれながら、**間取りは2LDKよりも3LDKのほうが需要が大きく**、探している人が多いようです。

お子さんが小さいご家庭では、家族構成が今後変わって、子どもがもう一人生まれるかもと想定する場合も多いでしょう。すると、2LDKだと賄えなくなってしまい、必然的に3LDKが人気となります。

30代の独身女性も、一人暮らしの家は3LDKを買って、次に売るときに3LDKじゃないと売れないよと勧められたそうです。基本的にオーソドックスな3LDKの間取りは、間仕切りを取り払うと、広いリビングの2LDKにできるケースが多いです。また3LDKにする場合も、間仕切り自体は20万〜30万円でできます。

広さでいえば、狭いほうが坪単価が上がるケースが多いです。**65㎡ぐらいで3LDK。これが最も坪単価が上がり、いい価格で売りやすくなります。**というのも、あまりに広いと総額が高くなり、お客さまの母数がどんどん減るからです。

1億円で探しているお客さまのほうが、8000万円で探しているお客さまよりも少ないです。総額が安ければ安いほど母数は増えることが一般的ですから。ただ、同じ65㎡でも窓の位置などの影響で2LDKにしかできないような間取りの場合は、そこまで需要がないかもしれません。

1LDKの物件を探している時点で、あなたは大損している

一人暮らしなら、1LDKのマンション住まいは、食事やくつろぎのスペースがあり、寝室が独立しているなんて、とても快適かもしれません。でも、もしかしたら広さは50㎡くらいでしょうか。だとしたら…。

というのも、僕が「損しているな」と思うのは、平米数が微妙な物件であるから。1LDKに限らず**〝不動産は平米数が勝負〟なのです。**「家は平米数で探す癖をつけましょ

う！」と言いたいくらいです。

それで結論として**理想的なマンションの広さは、65㎡前後**。理由は前の項でお伝えした通りです。

中古マンションを購入するなら、スケルトンといって間仕切りから壁紙から何から何まで取り払い、新たに内装をやり直すことも可能です。そこまで費用をかけなくても、間仕切りが付けられるような形の1LDKや2LDKであれば、自分の住みたい3LDKにしたりできます。

逆にいえば、広い1LDKがほしかったら、間仕切りを取ってしまえば3LDKを1LDKにできたりもします。

僕たち不動産業界の人間は、平米数で物件を探します。候補になりそうな物件は、図面を見て、間取り図を見て、「これ、間仕切り付けられるな」となれば提案することで、今まで眼中になかったような物件も候補に昇格することがあるからです。

希望の間取りでいい物件が見つからない場合は、平米数にチェックを入れて、間取りの欄はノーチェックで探すのがお勧めです。

売ることを考えれば、そもそも3LDKや2LDKに変更もできないほどの面積の1LDK自体、損をします。これも前の項でお伝えした通りで、3LDKのほうが売りやすいのは、もう業界的にも常識です。

さらにいえば、**狭ければ狭いほど賃貸のほうに人気が集中する**のです。マイホームを購入して、1Kで住む人はほとんど聞いたことがないでしょう。逆に賃貸で1Kに住む人はたくさんいます。一方で広くなって部屋数が増えるにつれて、借りる人よりも買う人のほうが増えてきます。

さらに3LDKとなると、買う人がぐっと増えます。人気の間取りです。不動産の価値は、需要と供給のバランスで成り立ちますが、需要の部分でそもそも1LDKを買おうと思って探している人は少ないのです。

ペットを飼いたい方へ。水槽で飼う生き物は案外要注意

ペットフード協会が発表している、ペットの飼育頭数調査「2022年（令和4年）全

国犬猫飼育実態調査結果」では、犬・猫推計飼育頭数全国合計は、1589万頭とのこと。総務省の調べでは2022年の世帯数は約5976万世帯とのことなので、ペットのいない住宅街は想像できないほどの普及率といえるでしょう。

マンションなどの共同住宅でペット可の物件は、分譲物件のほうが賃貸より多いです。賃貸のオーナーさんからしたら、ペット飼育可能にして入居者の裾野を広げるのも理解はできるものの、部屋の壁紙や建具が傷ついたりして価値が下がってしまうデメリットは無視できません。賃貸住宅はどうしても、ペット可にはしづらい側面が分譲住宅よりはありそうです。

ペットを飼いたいなら、なおさらマイホームを購入したほうがいいと思います。

高齢の一人住まいの方などは、ペットを飼う人が増えているそうです。心と体の安定のためにペットを飼う場合もあります。脳活になり、認知症対策に有効だとか。

不動産の面から見ると、基本的に築年数が新しくなるほどペット可の物件が多くなります。古い分譲マンションでも最近は規約を改正して、ペット可に変更しているマンションは増えていますが。

ペットが可能かどうかは、マンションの管理規約などで規定され、ペット可の場合は小型犬や猫はほぼ認められています。**管理規約によっては、水槽の魚やげっ歯類《しるい》（ハムスターなど）についても書かれていたり**します。

飼育OKでも多頭飼いはなかなか難しく、1匹か2匹までがほとんど。大型犬はほぼNGで、飼おうと思うなら、基本的には一戸建てを選ぶべきでしょう。

水槽で水を入れて飼う生き物について、「明文化しておきましょう」という流れがあります。

最近はペット同居型というか、ペットの足洗い場が造ってあったり、ペット専用のエレベーターがあったりで、マンションが大規模になるほど工夫を凝らしています。

木造建築はメリットだらけ

木造住宅というと、木の爽《さわ》やかな香りや木肌の温もりなど、柔らかな印象をお持ちかもしれません。最近の木造住宅は、一見木造とは見えない造りのものも増えています。外壁に〝レンガ調〟などの建材を使うことで、強度と外観の見栄えを達成していたりもします。

映画『となりのトトロ』に出てくる「サツキとメイの家」のような、木の板で造っている家だけが木造だと思っていると、驚かれる方も多いと思います。

一戸建ての約9割は今でも木造住宅だといわれています。木造住宅には、メリットがたくさんあるからです。

その**一番は、安さ。**建築費用が他の構造に比べると安く、一番安く一戸建てを建てようと思うと木造の一択になります。このメリットは、不動産情報サイトなどでもよく紹介されています。

一方で、高級住宅のイメージもあります。もし〝金に糸目をつけずに〟匠の技でこだわり抜いた住宅を造ろうとすると、一番高額なのも木造住宅になります。日本の最高級建築は、檜《ひのき》などの木材の品質からこだわり抜いた木造住宅となりがちです。

「さっきは、安さが一番と言ったのに」というのはごもっともなのですが、一番安いものから最高級建築まで造れるのは、それだけ私たちの文化と木造住宅が長い間ともに歴史を歩んで、日本の風土に深く根ざしているからでしょう。

たまに、「資金があるなら、コンクリート住宅にすべき」というような記事を見かけます。柱や梁などの構造物が鉄骨や鉄筋コンクリートなら、耐震性に優れた住宅となるでしょう。台風などの強風にも強いはずです。

費用面では、同じ規模の木造住宅と鉄筋コンクリート住宅で比べると、だいたい、倍ぐらい違うケースが多いようです。資金がなければ建てられない住宅になります。

建築面積に対して一坪あたり、木造なら30万~60万円ぐらいかかります。鉄骨造（柱等が鉄骨）なら60万~80万円ぐらい、鉄筋コンクリート造なら70万~100万円ぐらいかかります。鉄筋コンクリートは、坪単価でも木造住宅の倍近くになるのです。

ただ悪い言い方をすると、コンクリートは所詮コンクリートでしかないので、**木造住宅のように経年で味わいが出たり**はしません。いつまで経っても、コンクリートの冷たい手触りが残ったままとなります。

またコンクリート住宅は、メンテナンスに非常に手間・暇・資金がかかります。例として、コンクリートが多用されているマンションは、住民が管理組合を作り、修繕積立金を払って然るべきプロが管理し、定期的に修繕計画を組んでメンテナンスを続けます。5年で屋上の防水をやりましょうとか、10年で外壁を全部塗り替えましょうと、しっかり取り組むので建物が管理できます。

あまり知られていませんが、**コンクリートは水に弱い**材質です。建設段階で空気が入ってしまったりすると、目に見えない細かい空気の穴ができ、そこから水が浸みていくケースがあります。雨漏りのリスクが意外に高いのです。また、外観からどのような経路で水が浸み込んできたのかが簡単には分からないので、修理するとなると全体を防水するケースもあります。

部分補修では解決にならないことも多く、外壁塗装となると全体を一度に行うことになります。このあたりが、管理の難しいところです。

一方で木造なら、明確にどこから浸みているかなどが分かりやすく、部分補修が可能です。もちろん、木造住宅ならではの木材への防腐処理やシロアリなどの家を脅かす害虫の問題もありますが（細かいことをいえば戸建ての場合、鉄筋コンクリート、鉄骨もシロアリ処理は必要です。下地に木材を使っている場合も多いので、防腐処理は施しています）。通気などに気を配り、防虫対策は万全にしましょう。

メンテナンスの話題が出ましたが、経年劣化などで取り壊して更地にして売る際も、コンクリート住宅と木造住宅では大きな差が出ます。「一坪あたり木造は4万円、鉄骨は6万円、鉄筋コンクリートは8万円」が、解体の際の相場です。ただし建物ごとに建築の諸条件が違うので、解体の際は見積もりを複数の業者から取りましょう。

また、家を建てる地盤に関してですが、**鉄筋コンクリートのほうが重いので、地盤を強固なものにしないと、**建物が建ったときに支えきれない可能性があります。軟弱地盤の場合には、建物によっては地盤強化が必要になります。

あくまでも、地盤は上に建つ建物との相性によるので、木造2階建てにとっては軟弱地盤とはならないけれど、40階建てのビルを建てるなら地盤強化の工事が必要となる場合があります。その分、コストは上乗せになります。

実際の部屋の広さの面を比べると、同じ面積だと**木造住宅のほうがコンクリート住宅より広くなります。**

基本的に不動産のチラシや図面、資料に書かれているのは「壁芯面積」です。同じ壁芯面積なら、鉄筋コンクリートのほうが壁が厚かったり柱が太かったりする分、木造物件のほうが部屋自体は実際には広いことになります。

販売図面が間違っていても、なぜ不動産業者は許されてしまうのか

不動産の契約において最も重要とされる文書で「重要事項説明書」というものがあり、これからご説明とアドバイスをしますが、このアドバイスを読んでいただけるだけでも、「この本を読んで良かった！」と思ってもらえるほどの貴重な情報となります。

実際の契約時には「宅建業法」という法律で、「重要事項説明書で、この項目は絶対に触れてください」という項目だけで結構な数があります。ですから全く触れないことはよっぽどのいい加減な業者以外にはないでしょうが、とはいえ難解な専門用語をたくさん使いながら、スピーディで簡略にしか説明してもらえなかったりするケースが多いです。

そこで、〝本当にここは肝です〟の部分をしっかりお伝えしていきます。

重要事項説明書は、恐らく皆さまが想像する以上にものすごく大事な書面です。なぜならば、内見のときなどにもらっている**販売図面や物件資料よりも、重要事項説明書が完全に優先される**から。

例えば、販売時の資料上に記載ミスがあっても、重要事項説明書のほうで記載ミスが

直っていたら、**裁判になった場合、勝てないケースがほとんど**です。

販売図面上で例えば管理費が3000円と記載されていて、「安いから契約しよう」と契約しても、重要事項説明書上で「実は3万円で、1桁間違えてました」となり、契約のときに気付かないで引き渡したとします。

いざ管理費引き落としになり3万円引き落とされて気付いた場合、「販売図面、間違ってる。これがなかったら契約しなかった」と言っても、重要事項説明書が優先されるケースがほとんど。それぐらい重要事項説明書は大事な書面になります。

マンションの場合と一戸建てや土地の場合でチェックポイントが分かれますので、それぞれで見ていきましょう。

「重要事項説明書」ここは絶対にチェック！

マンションの場合

中古マンションの場合は、建物が既に建っていて維持管理がなされていますので、建物が建っている土地がどのような条例の制限を受けているかなどは、あまり問題になりません。

一棟の建物、またはその敷地に関する権利、およびこれらの管理、使用に関する事項

この項目は、マンションの場合は非常に重要です。記載されている内容は、以下の通り。

●マンション一棟、建物全体の権利関係と成り立ち
●管理・使用していくに際し、どのような決まりがなされているか

マンションでトラブルになるケースが最も多いのが、この項目です。要は、管理規約や使用細則に書かれている項目をかみ砕いて説明し、かつ、マンションの管理がどうなっているのかを説明している項目です。

中でも、「用途制限」「ペット飼育」「フローリングの制限」「楽器使用の制限」の4項目は必ず説明されます。ザックリ内容をご紹介しましょう。

「用途制限」

専有部分の用途についての説明。住居としての使用のみを認め、事務所などの事業用と

しての使用を禁止していたり、店舗や民泊としての使用を禁止していたりする。

「ペット飼育」

ペットは飼えるのか飼えないのか。どの種類、どのサイズのものが飼えるのか。飼うにあたって申請だけでいいのか、承認が必要なのかなど。

「フローリングの制限」

リフォーム時の、工事の申請の時期や内容、管理組合の承認の要・不要、使える床材、遮音等級○以上のもののみ使用可など。フローリング自体が不可のマンションも。

「楽器使用の制限」

楽器使用の可・不可。それに付随して、テレビやオーディオ類の取り決め。取り決めによっては、夜の8時以降使用不可や、夜10時以降使用不可、大音量不可なども。

ピアノは管理規約で明文化されているところがあり、グランドピアノは不可など制限が明記されています。ピアノの搬入自体が不可の場合も。人によっては、「ピアノがダメなら買わなかった」という方もいらっしゃいますので、使用の予定がある場合は、しっかりチェックしましょう。この項目が原因で大きな裁判となる場合もあります。

管理費・修繕積立金

この項目も、ものすごく大切です。なぜなら、管理費や修繕積立金というお金の問題が絡んでくるから。とはいえ不動産業界以外の方は、修繕積立金の額を見て多いか少ないかの妥当性は分からないと思います。

この部分は、マンション自体の管理がしっかりとなされているかどうかを判断できる項目です。ただ、一般の方が見てぱっと分かる項目ではないので、ここは営業担当に質問してみましょう。

「重要事項説明書」ここは絶対にチェック！

戸建ての場合

一戸建ての購入は、構造上、将来建て替えの可能性がマンションよりも高いことが一般的です。

土地はというと、建物をこれから建てる場合がほとんどなので、法律などでその土地にはどのような規模の建物を建てられるルールになっているかは、最も大事な項目になります。

「建ぺい率」や「容積率」は、この土地にどれぐらいの規模の建物が建てられるかの定めです。建ぺい率とは敷地面積に対する建築面積の割合、容積率とは敷地面積に対する建物の延べ床面積の割合のことを指します。

容積率によっては、木造3階建てを建てたいのに、3階建ての建築プランが現実的に不可能な土地を購入してしまうケースもあったりします。100㎡の建物を建てたいと思っても、実は70㎡までしか建てられなかったりすることも。要望と相違があると、たまに大きなトラブルが発生してしまうのです。

そもそも、条例などでそのエリアの土地利用の原則は決まっています。このエリアは、行政からしたら大規模な建物が乱立すると住環境には良くないので、「ここは高級住宅街にしよう」と思っている土地は、例えば2階建てまでに制限するというように決めてあります。

ただし、あくまでも住環境を維持するのが目的なので、さまざまなケースで例外があります。角地なら容積率が少し緩和されたり、北側道路なら南側道路よりも少しだけ建物を高くできたりなどの特例があります。

前面の道路の幅にも左右されます。この土地は本来100㎡までの建物を建てられるけれど、目の前の道路の幅が狭いので80㎡の建物しか建てられません、というような制限を受けたりもします。

販売図面には、道路の幅を考慮した上での容積率が記載されるのが一般的ですが、**たまに元のままの容積率を記載してしまっている業者が少なからず存在します。**あくまで重要事項説明書が優先されますので、建ぺい率や容積率に関する説明は、明確にしてもらうようにしましょう。**「図面と異なる箇所がないか」「異なる箇所があった場合は、なぜこれが異なるのかの理由」を明確にしてもらい、自分が建てようと思っていた規模の家が建つのかどうかを確認しておくことが大切**です。

「重要事項説明書」ここは絶対にチェック！

マンションと戸建てで共通して

マンション、戸建てを問わず、**どんな物件でも大事なことが、最後の「その他重要な事項」**です。その他というとオマケみたいな感じがしそうですが、そんなこと全くありません。

これは、全て米粒みたいなサイズの字になっているケースもありますが、惑わされてはいけません。20項目ぐらいが、箇条書きで書き連ねてありますが、そこに書いてある約8割はフォーマットで、他の物件でも同じような内容となっています。全国のさまざまな過去のトラブルを広く拾った内容です。

そこにプラスして、この物件ならではの注意点が書かれているのですが、こちらが特に大事になります。

例を挙げると、「北西40mの所にごみ処理場がありますので、臭気が風向きによっては伝播する場合があります」などです。ドッキリするような例では、「5年前の2018年の4月に、このマンションの○○○号室で事件が起きて、人が亡くなっています」といったことも書かれます。

人が亡くなったとか、ごみ処理場がありますというのは、この物件ありきです。物件特有のドッキリ情報と、定形8割の火災報知器の設置義務などの項目が一緒に書かれていますす。後から気がつくと残念に思われるかもしれませんので、ここはしっかり読んで確認しましょう。

他に、墓地、火葬場、刑務所や拘置所、高圧線用の鉄塔、隣の土地に建築計画があるなどは、気にする方が多いケースかもしれません。

仲介業者の方に、**「この物件ならではの情報は何番でしょうか?」と聞いてしまうのも、一つの確実な方法です。この質問をするだけで、仲介業者も「お、この買主はしっかり対応しないとまずいかもしれない」とジャブ的に意識させることにもつながって一石二鳥**かもしれません。

また、一つの事実として、重要事項説明書は説明のための文書なので、説明時に「これは気に入らないから変えて」と言っても解決にはなりません。基本、**覆すことができないもの**だと理解しましょう。

期日、特に解約に関するものは絶対に見落とすな

「手付け金を放棄すれば解約できる件に関する項目」や「住宅ローンが買主の故意・過失

ではなく、全部通らなかった場合に白紙解約可能な項目」「契約違反での解約に関しての項目」など、お金にダイレクトに絡む項目があります。

分からなければ「かみ砕いて、もう一回説明してください」と、**理解できるまで必ず説明を求めましょう。**理解があいまいなままでも契約を結んでしまったら、「この約束のもとで契約しました」となってしまいますから。

期日も大事です。それぞれには期日があり、いつの間にか明確に定められているケースがほとんど。「○月○日までしか解約できなかった」と後になって気付いて手遅れになることは避けてください。

「住宅ローンは、○月○日までに必ず通しておかないといけない」と決まると、「通らなかった場合、○月○日まで解約できる」と全部、「契約の解除等に関する事項」という項目に明記されることになります。

ところが、この項目を理解しないまま契約されたり、営業担当側も「これぐらいの説明で足りるだろう」で済ませて、大事なのに理解できていないことが分かっていなかったりするケースもあります。

自分はいつまでに住宅ローンを通さなくちゃいけないんだろうとか、もしダメだった場合はどうすればいいかは、「契約の解除等に関する事項」に全部書いてあるので、それをもとに営業担当に質問しましょう。

仮に見落としたところに後で気付いたとしても、すぐに諦めないでください。営業担当自身も、契約は絶対に壊したくないはずです。ましてや重要事項説明書を説明している、山登りなら8合目。契約してから引き渡しまでのこの期間は、既に金融機関をはじめ司法書士など、多くの人を巻き込んでいます。そこで契約が壊れるのは、営業担当のメンツにかかわってくる話なので、何を置いても壊したくないはずです。

見落としなどに気付いたら、まずは営業担当に連絡を取りましょう。その後は「○月○日までに住宅ローンを通してくださいね」といったように、舵取りをしてくれるはずです。

重要事項説明書の説明を受ける〝前〟に必ずすべきこと

以上で挙げてきたことは、僕の経験上、多くの人に当てはまりそうなものを優先した項目です。ただし人によっては、他の人があまり気にしないようなことが大事だったりします。

その自分ならではの気にするポイントを見逃さないためにしておくべきことは、**「なぜ自分が、うちの家族が、この物件を買うに至ったか。その理由を明確にしておくこと」**です。

一例を挙げますと、土地購入後に注文住宅を建てる場合、「木造3階建てのこの規模のものを絶対に建てたい！」とか「今、ハウスメーカーに相談して、図面を作ってもらっている」という状態であれば、その規模の家が建つ土地ということが絶対必要になります。自分がどのような物件で、「この部分が大切なんだ」を明確にしましょう。

その上で、重要事項説明書の説明を聞いても不明だった場合は、「これは絶対に必要なんですけれど、これって今、説明してもらった中で、どこに書いてあったんですか？　そこだけでもいいので、詳しく説明してもらっていいですか？」と確認するわけです。

重要事項説明書の説明を受けた〝後〟に必ずすべきこと

重要事項説明書の説明も済んで疑問点も解消できたら、いよいよ売買契約です。このときに確認することになる**「売買契約書」は大事ですが、基本的にフォーマットが決まっており、重要事項説明書で説明されていた内容と重複するものがほとんどなので、ものすごく納得がいかない箇所がない限りはそこまでチェックするべきポイントはありません。**

ただ、その上で売買契約書の付属書類の形で、**しっかりとした説明がなされないことがたまにある書面が二つあります。「付帯設備表」と「物件状況等報告書」**です。

でも**買主からしたら、とても大事な書面**になってきます。**しっかりチェックしないと、気付かぬうちに費用が自己負担になり、大損につながることもある**からです。

更地の土地では設備表はありませんが、建物が建っている場合は、設備表と物件状況等報告書は必ず渡されます。

「付帯設備表」は基本的に、スイッチのオン・オフをしたら故障しているかどうかすぐに分かるようなもの、開け閉めしたら壊れているかどうか分かるようなものについて、書かれています。物件についているキッチンや空調などのことが記載されており、「ここで『あり』としたものを設備として引き渡します」という表です。

「故障不具合」の欄がありますが、故障不具合「なし」になっているもの、例えば浴室関係のシャワーが設備「あり」で、故障不具合「なし」になっていた場合。

もし、引き渡してから7日以内にシャワーの故障が見られた場合は、修理は売主の負担になります。「7日以内に故障が見られた場合は、引き渡し時点から故障があったと見なしましょう」という形です。

引き渡しが終わったら、設備表をしっかりと確認して、故障がないか確認しましょう。万が一故障があった際は、速やかに営業担当に連絡してください。

ここにイレギュラーで記載されることが多いのが、カーテンです。カーテンは、売主が置いていきますという場合は、カーテン「あり」となり、設置箇所を記載しています。中古住宅では家具がある状態で内見するケースも多かったりしますので、照明器具などのどれが残されてどれが撤去されるのかも確認できます。

設備表に関していうと、何が「あり」なのかは、一つひとつ自分の手でチェックするなりして、全体を網羅しましょう。

ささいなことでも、気になった箇所はとことん質問してください。**分量もそこまで多いわけではないので、全部見て確認するのが大事**だと思います。

設備表とともに渡されるのが、「物件状況等報告書」です。

売主が物件の状況を報告するもので、主に以下の内容が記載されています。

- 改築しているかどうか
- 火災があったかどうか
- 漏水《ろうすい》があったかどうか
- 近隣の建築計画を知っているか、知らないか
- 近隣に影響を及ぼす施設があるかどうか
- 事件・事故が過去にあったかどうか
- 申し合わせ事項があるかどうか

いわば、その物件の歴史と近隣の状況説明です。

重要事項説明書と比べると、設備表と物件状況等報告書はあまり説明もなく、さらっと署名・押印を求められます。

なぜかというと、**責任の所在が重要事項説明書は不動産業者にありますが、設備表と物件状況等報告書は売主に責任が帰属する書面だから**です。

契約が心配なら、重要事項説明書を事前にもらってチェックしよう

重要事項説明書などの説明は、契約の直前になされます。1時間ほどかけて、全体を網羅するわけです。初めてマイホーム購入に臨む方は、情報過多で頭がパンパンになるはずです。

そうすると、「この営業担当も忙しいし、次もいろいろあるから」とついつい気になる点も質問しないで終わってしまいがちです。その気持ちはとても嬉しいのですが、僕は**「営業担当の都合など気にしないで、気になるところはしっかり自分が納得できるまで確認しましょう」**と言いたいです。

「世良さんのチェックポイントは分かったけど、その場で漏れなく質問しきれる自信がない…」、そんな方もいらっしゃるでしょう。

それなら、**重要事項説明書をPDFファイルなりで先に送ってもらい、事前に質問事項をまとめておけば心配ありません。**PDFなら、米粒のような「その他重要な事項」も、2倍などに拡大して読めます。ただ、専門用語ばかり出てくるので、理解できない箇所も

多いと思います。その場で自分だけで判断せず、契約の説明を受ける際に直接営業担当に質問するようにしましょう。

プリントアウトして疑問点に付箋《ふせん》をいっぱい貼った重要事項説明書を持参すれば、営業担当もじっくり質問に答えてくれるに違いありません。**ただし、最初はまず説明を聞いて、説明を聞いただけで理解ができた箇所は付箋を外していって、理解ができなかった箇所のみ質問するようにしましょう。**そうすれば、自分にとって本当に大事なところにいっそう集中して確認できるからです。

ただ一点だけ、申し上げます。重要事項説明書という書面はすごく大切な書面である分、完成までにどうしても時間がかかってしまいます。実際に完成版が出来上がるのは、契約予定日の前日の夜だったり、当日の契約直前だったりするケースもあります。事前に送ってもらうデータは、まだ完成前のものだったりもするので、その点はご理解いただいたほうがいいと思います。

意外に思うかもしれませんが、僕が**お勧めしないのが「録音すること」**。そんなことをされたら、営業担当は「言質を取られたらどうしよう…」となって、当たり障りのない説明や回答しかできなくなってしまいますから、詳しい説明が聞けなくなってしまう可能性があります。

お客さまの中には、気を遣ってくださり、最後にまとめて質問しようとする方もいらっしゃいます。そうすると、疑問が積み重なっていくうちに、こんなに質問すると申し訳ないと思われるのか、多分10個ぐらい疑問に思われていたようなのに、実際は半分の5個程度しか質問しない場合も往々にしてあります。

納得できないものを残すのが一番良くないので、**あらかじめ用意していた質問したいことが説明されなかったのが発覚したら、忘れないうちにどんどん質問しましょう。**不動産営業担当は、どの質問がきても基本的には答えられるように、重要事項説明書などをしっかり作っていますから。

また、質問に対して営業担当も分からない箇所があれば、営業担当は専門の機関などに改めて確認して対応しますので、遠慮は無用です。

地震の予測よりも、津波災害警戒区域や土砂災害警戒区域の把握が先

首都直下型地震など大規模地震が起こると、経済的損失や大都市機能の打撃などなど、天文学的被害となるという専門家のご意見には、なるほどと思います。そんな話を聞いていくうちに地震をいっそう懸念されて、「家買うの怖いなあ…」とおっしゃる方は一定数存在します。

ところが目先の話でいうと地震予測全般にいえることなのですが、不動産の価格にさほど影響は及ぼさないと思っています。実際に、首都直下型地震や南海トラフ地震などの予測は、価格には影響を及ぼしていないような印象です。

「首都直下型地震があるから家は買わないほうがいいぞ、東京には」という記事を読むと、「そういう起こるかどうか不明の災害で、不安を煽るのはやめようね」と思ってしまいます。首都直下型地震に限らずどこに行っても災害のリスクはありますから、いちいち不安になっていたらどこにも住めなくなってしまいます。

地震よりも注目してほしいものがあります。それは、自治体のハザードマップや津波災

害警戒区域、土砂災害警戒区域。指定された時点で、実際に不動産価格に影響を及ぼしているからです。

土砂災害警戒区域は、「こんな高級住宅街なのに!」というブランドが確立したエリアでも指定されていたりするので、注意が必要です。往々にして高級住宅街ほど斜面になっていたりもします。

地形が丘になっているから、水害のリスクがないと思って高台に行ったら、土砂災害警戒区域のリスクがあったというケースもあります。

ただし東京都に関しては、津波災害警戒区域は全域で未指定なのです。津波災害警戒区域が〝ない〟のではなく、あくまで〝未指定〟なだけなため、これから指定されることはあり得ます。

「タワーマンションを買っただけで1000万円以上得をした方が湾岸地域に多い」とか、「不動産のバブルを引き起こしたのも、湾岸地域の開発」などもあり、東京都の不動産の値上がり地域は、湾岸エリアを中心にしています。

本来は都民の安全を考えると、事前に学者さんの見解を聴収すれば、オリンピック選手村のあったあたりは全て津波災害警戒区域に指定すべきなのかもしれません。しかしそれを指定すると、不動産価格にはかなり高い確率で影響を及ぼすので、そのあたりの経済的な悪影響を考慮すると、津波災害警戒区域の指定に踏み切るのは難しいことなのかもしれません。これはあくまで僕の推測になりますが。

神奈川県も、各市町村によって指定のあるなしがバラバラです。この難しいところは、一旦指定すると、その地域を含めた近隣の不動産の価値が下がってしまうこと。近辺に住んでいる方には、短絡的な見方をすると、迷惑を及ぼすことになります。

ただ、生命にもかかわる将来的な災害のリスクを考えたら、絶対に「指定はしなければならないこと」ですが、現実を見据えると、行政もなかなか指定に踏み切れず難しい問題になっているのです。

ハザードマップや津波災害警戒区域は、都道府県庁や市役所、区役所といった行政のホームページにほとんど載っています。少し前までは紙のパンフレットで配布されていたのですが、SDGsの時代だからなのか「ホームページからご参照ください」と変わってきています。

検索サイトでシンプルに「○○市　ハザードマップ」とか「○○県津波災害警戒区域」と入力すれば、しっかり情報が出てきます。担当部署の電話番号が載っていますので、もし分からないことがあれば電話すると行政の方が直接教えてくれます。

ハザードマップには明確に、各行政区域への津波や浸水の可能性や、大きい川の沿岸域なら「○○川の氾濫時のハザードマップ」などが表示されています。避難場所が載っていたり、「このエリアは2mの浸水想定ですよ」とか、土砂災害警戒区域も載っていたりします。

ハザードマップで土地の特性を理解して災害対策をしながら、気に入った場所に家を買う。それが、防災面でも安心なマイホーム購入方法だと考えています。

ハザードマップも有効ですが、**江戸時代の古地図**も、時間がある方にはお勧めです。図書館などに割とあり、「ここは江戸時代に海だったからやめよう」とか「江戸時代も人が住んでるから大丈夫」という情報が読み解けます。実際に先の東日本大震災の際も、江戸時代から荒れ地だった土地（近年埋立地になったのではない土地）は、海沿いの街にもかかわらず液状化被害は深刻化しませんでした。

不動産営業担当なら、土地の売主さんから土地の来歴を聞いたりすることもあります。都内ですと、「地名にもあるとおり武家屋敷跡だから」とか、「あっちの埋め立てのほうの線路の奥側とはまた全然、話が違うんだよ」とか。

都内を見ても、未だに高級住宅街といわれる町並みは、ほとんどが元は武家屋敷や有力な地主の屋敷、倉があった土地です。一様に地盤もしっかりしており、歴史ある公園などに隣接している場合もあります。

また候補物件は、**できるだけ現地に直接見に行った上で、周辺も確認してほしい**です。「最近土地利用が変わって浸水するようになった」などの情報は、ハザードマップにはまだ反映されていない可能性もあります。例えばマンションを見に行ったら1階に浸水した痕跡を見つけたとか、かなり驚くことになります。

一方で**浸水の履歴に関しては、行政が記録を取っています。**浸水履歴があるかないかは、契約前の重要事項説明書で説明しますが、まだ内見している段階で候補が複数ある場合は、候補地の行政の災害対策課などで確認してみましょう。

ただ、行政ごとに記録の保管期間は違う場合もあります。ちなみに新宿区は平成元年以降、全部残っていました。

不動産価格上昇の可能性大のエリアは？

僕が今注目しているのは**「江東区の枝川エリア」。値上がりはほぼ確実**だと思っています。

Googleマップで見ても分かる通り、豊洲駅と潮見駅のちょうど中間地点ぐらい。木場駅からはもっと離れます。陸の孤島のような場所ですが、有楽町線の延伸がこのエリアを通るように計画されているのです。

この新線が開通することで、枝川には**新駅ができる計画**も出ています。今まで徒歩10分圏内に駅がなかった物件たちが、徒歩5分圏内に駅ができて、その時点でまず価格が上がります。

プラス、このあたりは港湾とか湾岸の海が近いエリア。倉庫や工場が多い場所なので、まとまったサイズの大きい土地が手に入りやすいことになります。「晴海を再び」と、**倉庫や工場がある場所に数年後はタワーマンションが林立するかも**しれません。

住宅街にタワーマンションを造ろうと思うと、何十人もの地権者に「売ってください」

図6　江東区枝川の位置

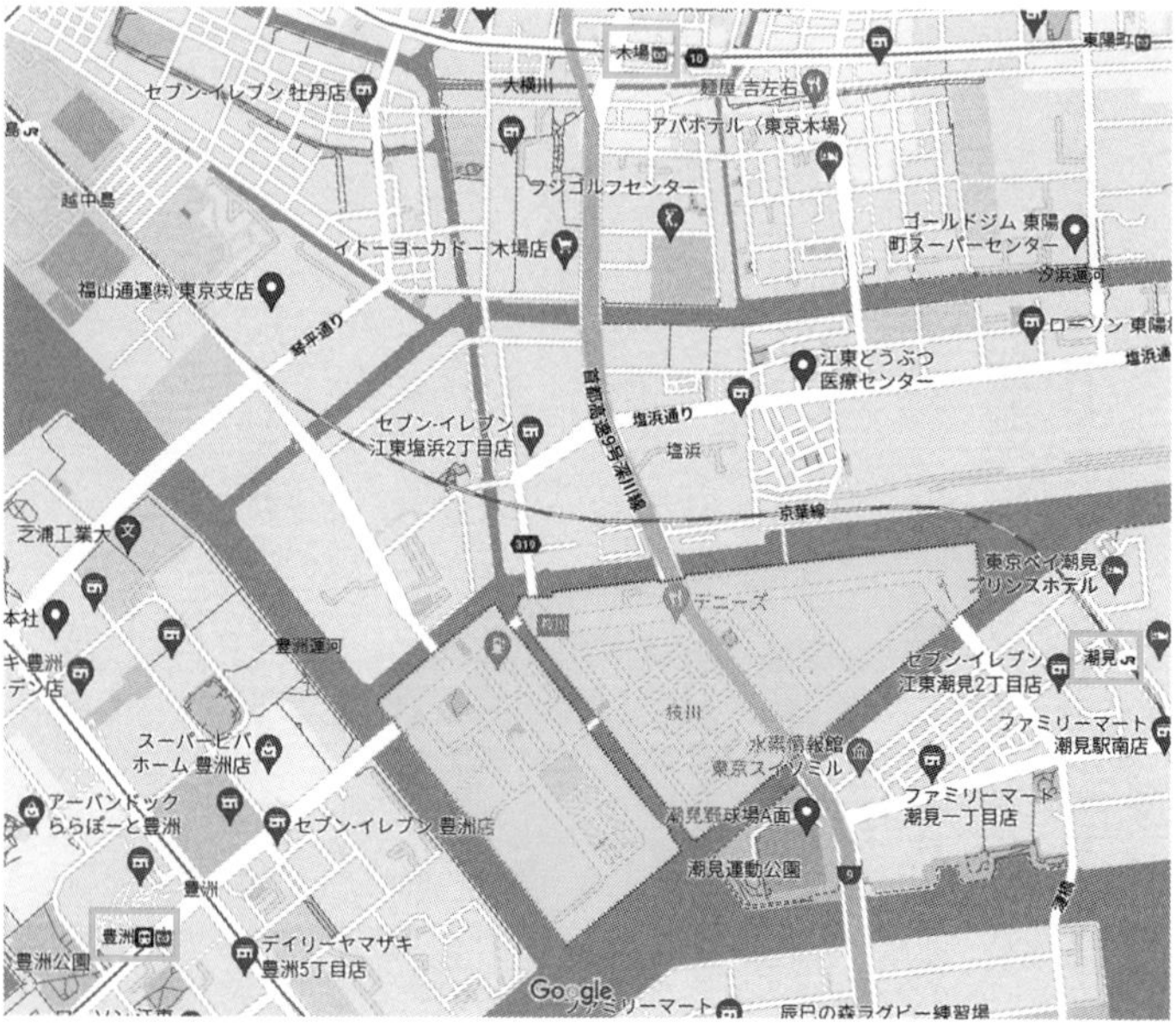

©Google

とお願いして歩いて、全員からOKをもらわないと実現しません。

一方で倉庫や工場なら、運営している法人に「売ってください」と交渉し、「いいですよ、分かりました」となれば土地が大きいので、それだけでタワーマンションが建てられます。大規模開発がしやすいのです。しかも枝川はまだ、不動産価格はそこまで値上がりしていません。アベノミクスで確かに少々値上がりはしましたが、晴海ほどの影響は受けていないのです。

ただ、これは首都直下型地震、津波災害警戒区域の指定がないという前提付き。それさえなければ、ほぼ間違いなく枝川の値は上がると思っています。

また、既に値上がりしていますが、**品川駅周辺はもう一段上がる**と思っています。

品川は、リニアモーターカーの発着点の開業予定と、品川駅から北西方面への便の悪さの解消としての新線「品川地下鉄」の構想が浮上しています。山手線の内側で白金高輪までつなぎ、南北線や三田線に入っていく路線です。

交通といえば道路関係ですと、東京では外環道路をずっと計画していて、今、**大泉学園**のあたりまで来ています。高速道路が全部突き抜けて東名に接続できたら、大泉学園は値上がりするかもしれません。このエリアは車移動の方も多いので、高速道路への接続は影響が大きいでしょう。便利になれば、必然的に不動産価格も上がります。

家の購入は、
人生を戦略的に
考えることで
より大きな幸せを
引き寄せる！

第6章

家を買うことは命にかかわる病気の対策にもなる

厚生労働省の「令和3年（2021）人口動態統計月報年計（概数）の概況」によると、日本人の死因の第1位は悪性新生物〈腫瘍〉（全死亡者に占める割合は26・5％）、第2位は心疾患（高血圧性を除く）（同14・9％）、第3位は老衰（同10・6％）だそうです。悪性新生物とはがん並びに肉腫のことなので、がんで亡くなる方は今も多くなっています。

将来、いつどんなことで亡くなってしまうか分かりませんので、それを考えるとなおさら家を買うべきだと思います。何度も申し上げて恐縮な住宅ローンの超低金利と、団信にがん特約や3大・8大疾病特約が付いた商品が出てきたからです。

この結果、住宅ローンを借りてがん特約等の付いた団信に加入している方は、がんと診断された時点で保険金で住宅ローンが完済され、残債がゼロになります。

団信をしっかり説明してこなかったので少し詳しく解説しますと、団体信用生命保険のことで、契約者が住宅ローン返済中に病気や不慮の事故で亡くなると、保険金によって住宅ローンを完済できる保険です。住宅ローン契約者のみが加入できるところが特徴となります。

契約する金融機関(実際には、その金融機関が指定する生命保険会社)によって補償内容は異なりますが、**団信のがん特約は原則として〝がんと診断された場合〟に保険金が下り、住宅ローンは完済されます。その後治療を行い、幸いにして完治することができても、住宅ローンの支払いを再開するよう求められることはない**、という契約です。

最近団信に加入した方の情報によると、**がんのステージには関係なく、一律にがんが見つかった時点で完済**とのことです。ただし保険によって特約が50%完済などもあるようなので、しっかり確認して加入しましょう。

マイホームを購入したところで発病となると、通院費や仕事が今までのようにできなくなるなどで、ローン返済が難しくなり、マイホームを泣く泣く手放すこともありました。でも今なら、特約によって住む所に困らなくなる、これはすごく大きなメリットです。

万一、がんの治療のために大金が必要になったとしても、住んでいる家を売却して資金を手にすることも可能です。

3大疾病や8大疾病の保障特約付きもあります。金融機関が指定する生命保険会社によりますが、3大疾病は、がん・急性心筋梗塞《しんきんこうそく》・脳卒中と診断された時点で保険金で住宅ローンが完済され、残債がゼロになる特約付きの団信です。8大疾病はがん、急性心筋梗塞、脳卒中の3大疾病に加え、高血圧系疾患、慢性腎不全《まんせいじんふぜん》、慢性膵炎《まんせいすいえん》、糖尿病、肝硬変《かんこうへん》もプラスされます。

金融機関によって、条件は微妙に違いますが、概ね所定の状態が継続したら、住宅ローンの残高がゼロになるなどをウリにしている団信が用意されてきています。

がん以外でも、心筋梗塞や脳卒中もかかる方が多いので、少しでも心配な方はその保障が付いた団信も検討したいところです。

団信の特約などの契約は、**金利が上乗せされる形となりますが0・1%や0・3%の追加で、そこまで大幅に上がらない**ようになっています。金利上乗せの支払い方法は、払い忘れによる保険切れを防ぐ意味からも、合理的だと考えます。

がんなどは過去に罹患《りかん》している場合は、団信の健康告知で詳細を申告し、入院や手術の有無、現在の経過等を告知する義務があります。その上で、審査を受けましょう。審査基準は各金融機関によって差があるようです。

「がんを患ったことがあると団信に入れないの?」という疑問が出てくると思いますが、

詳細の申告と審査でＯＫになる場合もあります。

また、**何らかの持病がある方でも加入しやすい「ワイド団信（加入条件緩和割増保険料適用特約付団体信用生命保険）」**もありますので、住宅ローンの金融機関の担当者に、取り扱いの有無を確認する必要があります。

40代になってくると、「健康診断のＥ判定」などはありがちでしょう。健康なうちに、マイホーム購入を検討しましょう。

結婚するより前に一度は家を買うべき

２０２３年3月の報道で、「日本の生涯未婚率は男性が28・２５％、女性が17・８５％で年々増加している」と出ていました。「学校を卒業したら就職して車を買い、結婚したら家を買う」という図式は確実に崩れてきているように思います。若い人は、本当に家を買わなくなってきているかもしれません。

ただし30代後半になると、親戚からの「結婚しろ圧力」も弱まり、余裕ができたことでマイホームを購入する独身男女が増えているようです。かえって、購入後に急に縁付いて結婚するパターンもあるようですが。

僕は、それは「家を買ったら幸せになって、幸せオーラが伴侶を引き寄せた」と思っています。感情論の部分は大きいですが、衣食住のうちの〝住まい〟が自分のものになる。これに多くの人が、大きな安らぎを感じるはずです。

そんな幸せの引き寄せという面以外でも、「結婚前にまず家を買う」というのも僕は提案しています。**パートナーの意見に左右されずに、自分のわがままで家を選んで買うのは、独身時代にしかできない贅沢**です。

不動産売買の現場では、旦那さんと奥さんの家に求めるものの差でバトルが勃発《ぼっぱつ》し、熾《し》烈《れつ》になることもあります。二人の目指す方向が100％一致するなんて、なかなかないことでしょう。

独身であれば、自分の好みで立地も選べますし、多少の不満部分も「自分でこの不満部分はOKと決断したから」と納得して購入できるはずです。こんな精神的充足が、幸せオーラにつながるのかもしれません。

一人で住むなら、趣味に走った内装も、誰にも引け目を感じないで楽しめます。一度でいいからやってみたかった、「夢のジオラマ付きプラレールを6帖間に展開」なども実現可能です。女性なら、「ベルばら内装」なども楽しめます。

まだ20代や30代であれば、生命保険の保障など興味のない方も多いでしょう。ただし、**住宅購入に伴う団信や、特約で付けられる3大疾病の保険などであれば、これなら入ってもいいかな?となるかもしれません。**

「家を買うと、幸せオーラが伴侶を引き寄せる」と申し上げましたが、客観的に見て、持ち家で団信も入っている方は、モテる要素が一気に増える印象があります。

20代や30代と若いうちから数千万円の資産を持っていて、本人に万が一の際も、家族には団信で住むところが保障されている。もしかしたら趣味に走っているかもしれませんが、そこは魅力アップにつながっていることでしょう。そして何やら幸せそう。そんな人がモテやすいのも頷《うなず》けます。

せっかく買った家が伴侶と理想が違いすぎてしまったとしても、**売ったり貸したりすればいい**でしょう。家は立派な資産なのです。お金がお金を生んでくれる〝金のガチョウ〟にもなります。

最悪、離婚することになってしまったとしても、独身時代に購入した家のローンの支払いを自分で継続していれば、これは自分の資産にできる可能性があります。登記も個人の名義であれば、この財産に関しては自分のもの、と主張できるでしょう。

財産分与の対象には、結婚期間に築いたものがなります。夫婦共有財産です。住宅ローンの支払いを夫婦としての収入から支払っていたら、そこからは共有財産になるようです。そのあたりには注意が必要ですが。

ここで懸念されるのは、若いと「そんなに貯金ないし」と二の足を踏んでしまう方がいることです。もちろん頭金や貯金があるほうが、住宅ローンで借りる額も減りますから、借りやすい面はあります。

ただ、**住宅ローンは若いほうが審査に通りやすい**です。なぜならば、定年までの期間が長いから。

20代、30代の若さでも、独身でも、貯金がなくても、家を買って安心と幸せオーラを手に入れるというのは、とても前向きな生き方となります。

家はあなたの人生で、一番お得な買い物〜人生大逆転の種を買おう

不動産広告のチラシなどで言い古されていますが、今なら本当に**「毎月払っている家賃並みのお支払いで、もっと広くて部屋数のあるマイホーム購入が可能です！」**と申し上げたいです。

住宅購入サイトには「ＳＵＵＭＯ」のように、「住宅ローンシミュレーション」を見ることができるものもあります。例えば35年でローンを組み、頭金は０円、ボーナスでは５万円支払うかたちで毎月７万円を払い続けたとしても、東京23区内の３ＬＤＫの中古マンションが買えたりします。一方で家賃７万円で住み続けるとなると、１Ｋで30㎡以下などが大半でしょう。

この〝意外な安さ〟は、超低金利政策があればこそ。

ただし世界の物価が上がり、日本にも金利上昇の圧力がかかっています。日本だけ低金利だと、どんどん円が売られ、円安となって貿易赤字が膨らむからです。超低金利政策が続いていて、世界からの圧力で金利が上がりそうになってきたこの１年は、低金利政策の

旨みを全力で味わえる、最後のチャンスかもしれません。

金利が1%上がると、ベンツ1台分支払い総額が増えるとお伝えしました。**ベンツ分の余計な金利を払わなければならなくなる前に**と考えれば、なおさら家を買いたくなってきませんか?

よく「住宅購入の前には、ライフプランなどしっかり立てて、一生のお金の計画を立てましょう」と勧められます。僕は、正論だと思います。

とはいえ、どちらかというと明日や来週のことも分からないのに、一生のことなんて不確定要素が多すぎて考えるのも頭が痛い人も多いと思います。そんな人でも、あまり難しく考える必要はありません。

家賃を払うように住宅ローンを返せば、いつの間にか家が資産になるというだけですから。

もっと攻めに出て、自宅を買ってはサクサク売って、次の投資の種銭にすることもできます。特に若い世代なら、自分の資産さえあれば、もっと大それたスケールのでかいことができるかもしれません。

それは、若い世代に限ったことではありません。資産が数十万円しかない人生より、数千万円の資産がある人生のほうが、可能性は広がっていくはずです。

これも繰り返しお伝えしてきましたが、何の担保もない若者に、銀行が数千万円単位のお金を貸してくれるのは住宅ローンだけ。投資をするにも、最初の〝種銭〟が貯まるまでは、長い間貯金に励まなければなりません。それが、家賃を払うように住宅ローンを返済していれば、数千万円単位の資産が築けるのが住宅購入というもの。人生、大逆転のチャンスです。

おわりに

不動産営業という職業は、本当に幸せな職業だと思っています。お客さまの、人生で一番高額なお買い物の現場に立ち会えるからです。

ただしお客さまによっては、契約書の署名捺印の際に緊張して、手が震えてしまってなかなか印鑑を押すことができない、という方も実際にいらっしゃいます。

契約の直前に、何千万円のお買い物をするということがやっぱり怖くなり、本当に買ってしまっていいんですか？と泣きそうな顔で相談に来られる方もいらっしゃいます。

それほどの現場なので、もちろんプレッシャーも大きいです。自分自身で、本当にこの人にこの物件を購入していただくべきなのか、葛藤するときもあります。

でもその上で、その人にぴったりな良い物件をご成約いただいたときの嬉しさは、言葉では言い表せないほどのものになります。

また、この本の冒頭でも触れました通り、僕が担当したお客さまで、家を買って不幸になった方を見たことがありません。

僕はこの本を出すにあたって、一つ決めていたことがあります。それは、この本をお読みいただいた全ての方々が、前向きになれる本にしよう、ということ。

世間には、近年のうちに不動産価格が暴落するだの、こんな家を買った人は将来不幸になるだの、不安を煽るような内容の書籍がたくさんあります。それっぽい根拠をもとに将来を予測しているような内容なのですが、あの有名なノストラダムスだって、20世紀末の人類滅亡説を外してますし、メジャーリーグでも活躍したあの大魔神佐々木さんも、先日の『みんなのKEIBA』で予想を外していましたし。

しかし結局のところ、誰も未来なんて分からないのです。ただ、過去は分かります。ここ十数年のうちで、家を購入するにあたって一番の買い時が今この時に来ていることは確かなのです。こういう家を買った人が得をした、というのは実際にあった話です。

ただ、多少は不安を煽る内容のほうが読者の食いつきも良くて、本を手に取ってもらいやすいと出版社の編集者さんから言われたので、そのアドバイスに従うことにしました。せっかく本を出すんだったら、多くの人に読んでもらいたいし、ぶっちゃけたことを白状すれば、たくさん売れる本にしてたくさん稼ぎたかったので、悔しいですが本当はしたくなかったんですけど、不安を煽るような内容も盛り込みました、ごめんなさい。

とはいえ嘘はもちろん書いていませんので、ご安心を。

ちなみに余談ですが、これくらいの分量の本だと、執筆のペースが早い人だとだいたい

1週間ほどで、遅めの人でも100日ほど（約3ヶ月）もあれば原稿を書き上げられるそうなのですが、僕がこの本を出すまでにかかった日数は713日でした。通常よりも613日も遅れてしまったのです。

小学校1年生の入学間もない頃に出された宿題を、小学校2年生の最後に提出したような感じです。「いつの宿題やねん！」とツッコまれたあと、絶対に廊下に立たされるはずなのですが、まったく怒らずにそこまで待ち続けてくださった編集担当の杉浦博道さんには本当に頭が上がりません。また何よりも、編集協力をいただいた大倉愛子さんには一生、足を向けて寝られません。本当にありがとうございました。

その上で言えることは、713日という約2年近くにもなる期間、ずっと家は買い時だったということなのです。

ただ、この本の途中でも触れた通り、4月に日銀の総裁が交代したということもありますし、長引くウクライナ情勢や近隣各国の情勢を考えると、今後の不動産市況がどうなるかは誰にも分かりません。もしご友人などで家を買いたいと言っている方がいらっしゃった場合は、少しでも早くこの本をお勧めいただけたら幸いです。

さて、最後に僕が伝えたいことが一つあります。それは、家を買う人ってかっこいい、ということ。何千万円という、ほとんどの人にとって自分の年収よりもはるかに高い金額のものを購入するんです。その勇気だけでも、ものすごくかっこいいじゃないですか。法務局が管理する登記簿に、その建物や土地の所有者として名前が載るんです、かっこいいです。戦国時代でいえば、自分の土地や城を持つ、城主や国主になるような感じです、その時点でかっこいいです。

たまに、「70歳まで住宅ローン地獄だよ〜」と言っている人を見かけますが、そう言っている顔はなんやかんやで嬉しそうですし、その言葉を発することができるのは家を買った人だけです、かっこいいです。

家を買うだけで、そんなかっこいい人になれるのです。かっこいい人になるために家を買う、という理由でもいいと思います。最後まで感情論でごめんなさい。

この本をお読みいただいた中から一人でも多くの方が、条件にぴったりの素敵な家に巡り合い、かっこいい人になられることを心からお祈りしています。

2023年5月　吉本興業所属　ぺんとはうす 世良光治

本書に掲載の情報は、個別に断り書きがないものについては、2023年５月時点のものに基づいています。制度の変更や改正等により、本書の内容が最新でない場合があることをご了承ください。

住宅購入で成功する人、大失敗する人

元大手不動産トップ営業マンの「不動産芸人」だけが知っている

2023年6月13日　第1刷発行

著　者　ぺんとはうす 世良光治《せらみつはる》
発行人　土屋 徹
編集人　滝口勝弘
編集担当　杉浦博道
発行所　株式会社Gakken
〒141-8416　東京都品川区西五反田2-11-8
印刷所　中央精版印刷株式会社

●この本に関する各種お問い合わせ先
本の内容については、下記サイトのお問い合わせフォームよりお願いします。
https://www.corp-gakken.co.jp/contact/
在庫については　Tel 03-6431-1201（販売部）
不良品（落丁、乱丁）については　Tel 0570-000577
学研業務センター　〒354-0045　埼玉県入間郡三芳町上富279-1
上記以外のお問い合わせは　Tel 0570-056-710（学研グループ総合案内）

©Mitsuharu Sera, Yoshimoto Kogyo 2023 Printed in Japan

本書の無断転載、複製、複写（コピー）、翻訳を禁じます。
本書を代行業者等の第三者に依頼してスキャンやデジタル化することは、
たとえ個人や家庭内の利用であっても、著作権法上、認められておりません。

学研グループの書籍・雑誌についての新刊情報・詳細情報は、下記をご覧ください。
学研出版サイト　https://hon.gakken.jp/